Konrad Bürgermeister
Marieluise Moser
Andrea Wirth

bei Sinnen sein
zu sich und zu Gott finden

Konrad Bürgermeister
Marieluise Moser
Andrea Wirth

bei Sinnen sein
zu sich und zu Gott finden

Ganzheitliche Wege persönlichen Betens
in Schule und Gemeinde
Ein Praxisbuch

Verlag Josef Duschl

ISBN 3-933047-03-X
1. Auflage 1998

Titelbild: Franz Falk, Hengersberg
Fotos: Konrad Bürgermeister, Seite 65
Josef Duschl, Seite 21,33, 51, 55, 87, 113, 134
Marieluise Moser, Seite 24, 28, 44, 46, 49, 50, 86
Andrea Wirth, Seite 11, 13
weitere Bilder: Schwabenverlag, S. 23, 35, 39, 55, 62, 65, 66; VG Bild, S. 29,30,31; Herderverlag, S. 71
Gesamtherstellung: Verlag Josef Duschl, Winzer
Druck: Mühlbauer Druck, Hengersberg

Inhalt

Ein Wort zum Buch

Das Beten der Menschen kennt viele Wege. Alle münden sie letztlich in das Ziel, die lebensnotwendige Beziehung zu Gott wachsen zu lassen und zu vertiefen. Diese Beziehung soll *jetzt* tragen und halten. Jeder, der betet, soll und wird spüren, dass es ihm guttut.
Innerhalb der vielfältigen Formen des Betens wollen wir mit diesem Buch in zahlreichen Beispielen einen Weg gehen, der Kinder und Jugendliche zu ganz persönlichen Aussagen motiviert.
Hier findet man keine Auflistung von Gebeten, sondern eine breite Palette von Anregungen, wie junge Menschen ihre eigenen Erfahrungen und Empfindungen, wie junge Menschen sich selbst ins Gebet bringen können und dabei zu sich und zu Gott finden, wie es im Titel heißt.
Die beschriebenen Beispiele sind in der Praxis erprobt.
Sie sind als Impulse für alle Schularten und für die verschiedenen Gruppen in der Gemeinde gedacht.
Gerade auch bei Besinnungstagen sind sie wertvolle Begleiter.
Die dargestellten Formen müssen je nach Alter der Teilnehmer und je nach Zusammensetzung der Gruppe variiert werden.
Wir wünschen, dass unser Buch zu einem Gebet-Buch wird. Es soll Lehrer/Lehrerinnen aller Schularten und Leiter/Leiterinnen von Gruppen dazu einladen, sich auf die beschriebenen Wege einzulassen. Dann sollen die vielen Beispiele anregen, weitere Möglichkeiten zu finden, damit Kinder und Jugendliche im Beten letztlich Gott erspüren können.
Wir sagen herzlichen Dank den ermutigenden Begleitern unserer Arbeit.

K. Bürgermeister M. Moser A. Wirth

Konrad Bürgermeister Marieluise Moser Andrea Wirth

Praktische Hinweise

- Die Bezeichnung „Lehrer", „Schüler" sind Abkürzungen. Sie stehen immer für LehrerInnen und SchülerInnen. Unter „Lehrer" sind auch LeiterInnen von Gruppen gemeint.
- Der zeitliche Rahmen für die beschriebenen Möglichkeiten ist sehr unterschiedlich. Die einzelnen Einheiten sind so angelegt, dass sie jeder Lehrer in kleinere Abschnitte über mehrere Tage hin aufteilen kann.
- Gebetserziehung ist Prinzip im Religionsunterricht. Die einzelnen Vorschläge können auch zu Stundeneinheiten aufbereitet werden.
- Grundsätzlich gilt, dass für diese Art von Beten der übliche Zeitrahmen für das Schulgebet erweitert werden muss. Das ist notwendig, um durch Verlangsamung bei den Schülern etwas bewusst werden zu lassen.
- Die einzelnen methodischen Vorschläge sind austauschbar. Jeder Lehrer wird gezielt bestimmte Wege mit seinen Schülern einüben.
- Bei diesen ganzheitlichen Formen wird die oft übliche frontale Sitzordnung aufgelöst.
- Immer gilt das Prinzip der Freiwilligkeit. Es bleibt jedem Schüler selbst überlassen, seine gestalterischen Ausdrucksformen und seine mündlichen oder schriftlichen Beiträge vor der Klasse kundzutun oder für sich zu behalten.
- Es ist gut, wenn verschiedene ganzheitliche Wege vom Lehrer selber erfahren worden sind, um etwas von ihrer Wirkung zu spüren.
- Übungen zu Stille und Schweigen sind notwendige Bedingungen.
- Eine gute Atmosphäre in der Klasse ist für diese Art von Beten unbedingte Voraussetzung, d. h. zwischen Schülern und Schülern und zwischen Lehrer und Schülern gibt es Offenheit und Vertrauen.

1. Die Jesuskerze gestalten

für Jugendliche/Erwachsene

Hinweise:

Die Versammlung um eine gemeinsame Mitte entspricht einer Form des gemeinsamen Betens. Oft wird diese Mitte markiert mit einer Kerze, der Jesuskerze. Wurde diese gemeinschaftlich gestaltet, wird sie zu einem besonderen Mittelpunkt im Laufe des Schuljahres. Um die Funktion der Mitte zu verdeutlichen, gehen der Gestaltung zunächst einige Gedanken zum Weg zur Mitte voraus.

Vorbereitung: goldener Reifen, Kerze, Seil, zwei rote Tücher, farbige Tücher, gelbe Kartonstreifen, verschiedenes Legematerial, Plattwachs

Zugänge:

- Heute (am Anfang des Schuljahres) haben uns unsere Wege hier zusammengeführt. Wir haben kürzere und weitere Wege hinter uns. Denken wir einmal an diese Wege des heutigen Tages zurück!

  Kurze Stille - meditative Musik

- Der Weg ist auch ein Bild für unser Leben. Wir wissen: die richtigen Wege sind oft nicht leicht zu finden, und manche Ziele liegen am Ende von recht unscheinbaren Wegen.
  Denken wir jetzt einmal über den aufregendsten Weg, den Weg zu uns selber, nach. Wir könnten auch sagen, es ist der Weg zu unserer Mitte, zu unserem Schwerpunkt, der uns im Gleichgewicht hält.

- Der goldene Reifen markiert unsere Mitte im Kreis. Wir konzentrieren unsere Gedanken auf diesen Mittelpunkt. Wir schließen die Augen. Während unser Atem ruhig kommt und geht, sehen wir Dinge/Menschen, die zur Zeit unseren Mittelpunkt ausmachen.

  Stille - meditative Musik

- Evtl. mitteilen, was jeder gesehen hat.

- Was uns am meisten beschäftigt und ausfüllt, ist meist nur eine vordergründige Mitte. Der Weg zu unserer wirklichen Mitte wird oft blokkiert durch Geschäftigkeit, Überreizung, Ichsucht. Dann treiben wir sozusagen an der Oberfläche, verlieren uns in Äußerlichkeiten und geraten in Unzufriedenheit. In jedem von uns steckt jedoch so eine Ahnung von einem Lot, einer Mitte, die es zu finden gilt und die uns Harmonie bringt.

- Ein Wesensmerkmal von uns Menschen ist das aufrechte Stehen. Dieses In-die-Höhe-Streben sehen wir am besten bei Kindern im ersten Lebensjahr. Die Freude, wenn sie es geschafft haben, auf wackligen Beinen mit ausgebreiteten Armen die ersten selbständigen Schritte zu tun, ist überwältigend für das Kind und den Zuschauer.
  Wenn wir jetzt im Stehen die Arme ausbreiten, können wir an unserem Körper die Kreuzform erkennen mit dem Schwerpunkt oder Mittelpunkt im Atemzentrum.
  Wir atmen einige Male bewusst in dieses Zentrum hinein.

- *Zwei rote Tücher kreuzförmig in den Reifen legen und in das Zentrum eine weiße Kerze stellen.*

- Das Kreuz zeigt: Jeder von uns ist eingebunden in ein geordnetes Ganzes. Spüre einmal deutlich deine Pole: oben - unten, rechts - links, Umwelt und Mitwelt, Schule und Familie, Denken und Fühlen. Eine Ausgewogenheit zwischen diesen Polen schafft das Kreuz, das jeder auf sich nehmen muss.

  Ein Seil wird spiralförmig in den Reifen gelegt.

  Ein möglicher Weg zu unserem Ziel- und Mittelpunkt ist der einer Spirale.

  Kerze anzünden.

  Jesus ist uns diesen Weg vorausgegangen. Er ruft uns und bereitet uns den Weg. Er ist die Mitte. Aber schon jetzt sind wir mit ihm verbunden. Die Strahlen seines Lichtes zeigen zu jedem von uns. (Mit leicht geschlossenen Augen die Kerze betrachten.)

- Diese Verbindung mit Jesus, diesen Strahlenweg, markiert nun jeder mit Tüchern, Stoffstreifen oder Legematerial.

- Die „bunte“ Sonne, die entstanden ist, wird dann mit Plattwachs in ähnlicher Form auf die Kerze übertragen.

für jüngere Kinder

- Wir versammeln uns um eine Mitte (z. B. Reifen)
- Wir träumen, welche Menschen in der Mitte sind (Vater, Mutter, Freunde, Oma, ...)
- Für alle Menschen, die uns gern haben, und die wir gern haben, gestalten wir unsere Mitte mit gelben Tüchern aus. (rund formen)
- Wir kennen einen Menschen, der jeden von uns lieb haben will und uns von Gottes Liebe erzählt hat: Jesus.
- Immer, wenn wir von ihm sprechen, zünden wir eine Kerze an, als Zeichen, dass er in unserer Mitte ist.
  (weiße Kerze anzünden und in die Mitte stellen)
- Lied: Wo zwei oder drei in meinem Namen versammelt sind.
- Kneife deine Augen ein wenig zusammen und zeige mit der Hand, wohin der Strahl der Jesuskerze zeigt.
  Lege diesen Weg mit einem gelben Streifen.
  (Gelbe Streifen werden strahlenförmig um die Mitte gelegt.)
- Wir sehen, was entstanden ist: eine Sonne.
- Jesus ist bei uns wie die Sonne mit ihren Strahlen, er will unser Leben hell machen.
- Die Gestaltung vom Boden kann nun mit gelbem und orangem Plattwachs auf die Kerze übertragen werden.
- Zum Abschluss: Lied/Tanz: Vom Aufgang der Sonne ...

2. Klasse

2. Ein ganz persönliches Gebetbuch als Leporello

Vorbereitung: *unbeschriebenes Leporello für jeden Schüler*

Unser Anliegen ist es, bei den Schülern ganz Persönliches beim Gebet bewusst werden zu lassen. Dem dienen die vielen Angebote zu individuellen Aussagen.
Es ist sicher für jeden Teilnehmer ein großer Gewinn, über das Jahr hin sein persönliches Gebetbuch entstehen zu lassen, z. B. in Form eines **Leporellos**, das den Schülern zu Beginn des Schuljahres in Postkartenformat geschenkt wird. (Auch ein etwas kleineres Format ist möglich.) So entstehen im Laufe von Monaten die eigenen Psalmen (Gebete) des Schülers.

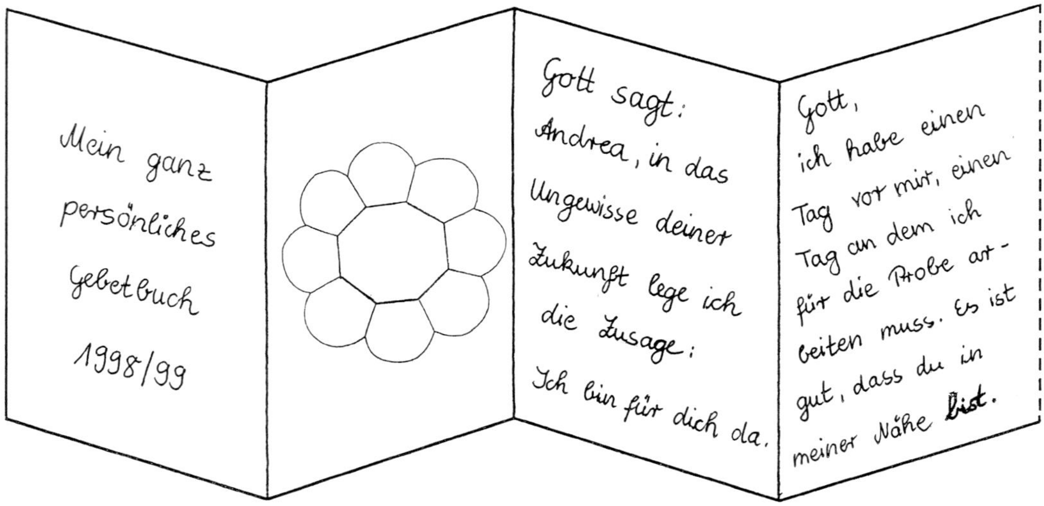
Mein ganz persönliches Gebetbuch 1998/99
Gott sagt: Andrea, in das Ungewisse deiner Zukunft lege ich die Zusage: Ich bin für dich da.
Gott, ich habe einen Tag vor mir, einen Tag an dem ich für die Probe ar-beiten muss. Es ist gut, dass du in meiner Nähe bist.

Am Kreuzweg: Jesus, ich bleibe bei dir!
Andrea, der Vater im Himmel weiß, was du brauchst.
An der Krippe als Hirte: Jesus, ich kann dir nicht viel bringen.
Ich danke dir, dass du mich so wunderbar gestaltet hast.

3. Beten entlang des Kirchenjahres

Advent ganzheitlich erfahren - die Adventsspirale

Hinweise:

Der Weg durch die Adventszeit ist ein Weg aus der Dunkelheit ins Licht. Das erleben wir an den Lichtern des Adventskranzes, die hinführen zum strahlenden Glanz des Christbaums. Im Nachgehen der Adventsspirale wird dieser Weg zum Licht für die Kinder erfahrbar. Wenn sie ihr Licht an der Kerze anzünden, kann in der eigenen Dunkelheit ein Licht aufgehen.
Die Spirale ist ein uraltes Lebenssymbol. Sie entwickelt sich von einem Punkt aus und kann sich unendlich erweitern; sie bewegt sich aber ebenso wieder auf diesen Punkt zurück.
Wenn wir unseren Lebensweg mit dem der Spirale vergleichen, merken wir, dass der notwendige „Umweg", den wir machen müssen, um an das Ziel zu gelangen, uns nicht in eine Sackgasse führt, sondern ein zyklischer Weg ist. Bei der spiralförmigen Bewegung erleben wir, wie sich unsere Sichtweise ändert.

Vorbereitung: *Sitzkreis, abgedunkelter Raum, Tannenzweige, gelbe Tücher, große Kerze, Teelichter, kleine Papiersterne*

Zugänge:

Die dunkle Jahreszeit, sagen viele Menschen, drückt auf die Seele, auf das Gemüt. Fehlendes Sonnenlicht kann traurig machen. Die Fernreisen zu sonnigen, warmen Stränden sind ausgebucht.
Dunkelheit spüren wir aber auch in vielen leidvollen Erfahrungen, wenn uns nichts und niemand mehr aufheitern kann.
Wir haben den Raum verdunkelt und wollen uns in ein paar Minuten der Stille in unsere Dunkelheiten hineindenken. (evtl. Augen schließen - wenn es um mich ganz dunkel ist, ich ganz allein mit mir bin, merke ich erst, wo mich etwas bedrückt.)

\- STILLE -

- Am Ende stehe ich immer vor der Frage: Was kann mich befreien aus dieser Nacht?

Alle stehen auf
Lied und Tanz: Die im Dunkeln stehn und um sich selbst nur drehn ...

T: Rolf Krenzer
M: Kristina Krenzer

Grundaufstellung:

Die Teilnehmer stehen im Kreis.

Wird das Lied als Kanon gesungen:
Die Teilnehmer stehen in zwei konzentrischen Kreisen.

Bewegung - Tanz:

„die im Dunkeln stehn"	die Teilnehmer verneigen sich sehr tief
„und um sich selbst nur drehn"	jeder dreht sich um die eigene Achse
„müssen mit dem Herzen suchen"	die Arme auf der Brust verschränken
„um das Licht zu sehn"	die Hände nach oben strecken

- Wenn wir unsere Herzen öffnen können, dann entdecken wir auch im Dunkeln Licht-Blicke.
  In der dunklen Adventszeit erinnern wir uns auch, dass einmal mitten in dunkler Nacht ein heller Stern erschien, der einen Retter ankündigte aus aller Not und Bedrängnis.

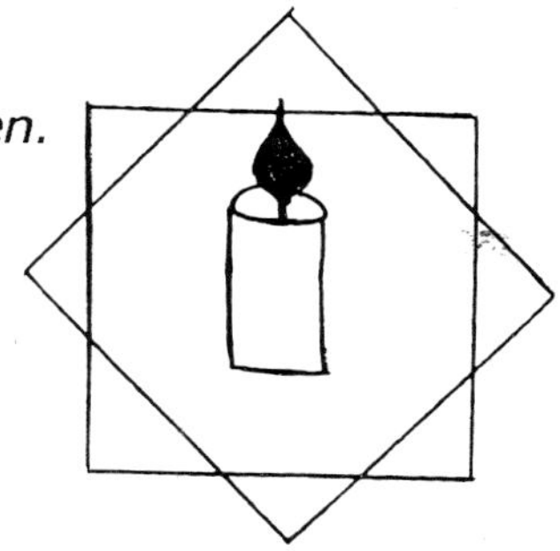

Tücherstern entfalten und Kerze in die Mitte stellen.
Lied: Die im Dunkeln stehn ...
Alle setzen sich.

Verschiedene Menschen machten sich damals auf den Weg und folgten dem Stern, der sie zum Licht ihres Lebens brachte.
Der Weg zu diesem Licht ist der Weg zu unserem Ursprung und gleichzeitig zu unserem Ziel. Es ist der Weg zu unserer Mitte, die uns Halt und Sinn gibt.
Wir erfahren, dass der Weg zu dieser Mitte, zu Gott, spiralförmig verlaufen kann.

Miteinander mit grünen Zweigen einen Spiralweg von der Mitte aus legen.

Erleben:
Wir wollen jetzt in die am Boden ausgelegte Spirale hineingehen. Dabei gehen wir auch symbolisch in unsere Vergangenheit zurück.
Ich bewege mich auf mein Zentrum zu, auf das, was mein Leben bestimmt, worin es seinen Ursprung hat. Ich hole mir das Licht aus der Mitte und trage es beim Herausgehen bewusst als Teil meiner Mitte mit.
Wir gehen langsam, um die Form der Spirale mit unserem Körper empfinden zu können.
Das Licht stellen wir dann auf einen der ausgelegten Sterne.

Musikalische Begleitung mit dem Lied: „Mache dich auf und werde Licht"

Erfahrung:
Der Weg zur Mitte hin fällt immer leichter als aus der Mitte heraus. Unser Leben muss zwei Bewegungen beinhalten: hin zur Mitte und weg von der Mitte.

Wir spüren den „Figuren" der Krippe nach

Hinweise:

Bis heute übt die Krippe auf Kinder eine große Faszination aus. Von den Eltern werden schon die Kleinen an die Krippe in der Kirche geführt. Viele Familien haben Krippen zuhause, so dass den Kindern die Personen letztlich auch dem Namen nach vertraut sind.
Bei dieser Einheit steht im Vordergrund, in die einzelnen Personen, Tiere oder „Gegenstände" der Krippe hineinzuhören und sich mit ihnen zu identifizieren. Aus dieser Begegnung heraus finden dann die Kinder zum Kind in der Krippe und sprechen ihre ganz persönlichen Gebetsrufe. Auch aus der Perspektive anderer Personen oder Gegenstände reden die Kinder letztlich immer von sich selbst.

Folgendes Beispiel kann über mehrere Tage des Advents Anlass zum Beten sein.

Vorbereitung: Krippenfiguren und Gegenstände, die zur Krippe gehören, in entsprechender Anzahl je nach Größe der Klasse; Tuch

Zugänge:

- Das Weihnachtsevangelium nach Lk 2, 1-20 und nach Mt 2, 1-12 wird vorgetragen bzw. erzählt. Ältere Kinder können die Stellen aus dem Evangelium auch selbst lesen.

- Im Sitzkreis wollen wir uns genau alle Menschen, alle Tiere, alle Gegenstände der Krippe anschauen und in sie hineinhören.

- Die Figuren liegen verpackt vor den Schülern.
  Nimm eine verpackte Figur! Lass dich überraschen!
  Jedes Kind nimmt sich eine Figur.

- Stellt die Figuren zu einer Krippe zusammen!

- alternativ: Die Figuren können auch schon nebeneinander aufgereiht oder zu einer Krippe zusammengestellt sein.

- Weihnachtsevangelium nach Lk 2, 1-20 und nach Mt 2, 1-12 vortragen

Personen	**Tiere**	**Gegenstände**
Maria	Ochs	Stall
Josef	Esel	Krippe
Jesuskind	Schaf	Stroh
Hirte	Kamel	Stern
Hirtenfrau	Dromedar	Tür zum Stall
Weise (Könige)	Rind	Heu im Stall
Engel	Hund	Feuer
Kind	Taube	Laterne in der Hand des Josef
Hirtenkind		

- Welcher Person, welchem Tier, welchem Gegenstand willst du nachspüren?
  Wähle eine Figur und hole sie zu dir!
  Warum hast du ausgerechnet diese „Figur" gewählt?
  Schüler begründen ihre Auswahl.

- Schau sie dir genau an!
  Höre auf sie hin! Halte sie an dein Ohr!
  Die Figur erzählt dir etwas!
  Die Schüler tragen ihre Gedanken vor.
  Auch schriftliche Aufzeichnungen sind gut möglich und können später zu den einzelnen Figuren offen ausgelegt werden.

- Du kannst auch Fragen an die Figur stellen und die Antworten abwarten!

- Lass dich von der Figur ansprechen! Sie sagt dir etwas ganz Persönliches.
  Beginne mit deinem Vornamen! z. B. Julia, ...

- Lehrer stellt die Krippe mit dem Jesuskind auf.
  Du kommst jetzt als Hirte, als Weiser, als „Schaf", als „Esel" ... an die Krippe.
  Suche für dich einen Platz!

  (zur Auswahl)

  Wie geht es dir? Was denkst du?

  Was empfindest du?

  Was siehst du? Was hörst du?

  Was bringst du mit?

- Sprich mit dem Kind in der Krippe! Was sagst du zu ihm?
  (natürlich schweigend)
  Worauf willst du von ihm eine Antwort?
  Worum magst du es bitten?

- Jedes Kind geht zur Krippe, spricht laut oder schweigend mit dem Jesuskind und stellt seine Figur an den Platz, der ihm jetzt richtig erscheint.

- Es können auch **Zwiegespräche** zwischen verschiedenen Figuren entstehen und von der Klasse miterlebt werden, z. B. ein Hirte spricht mit Josef.
  Dabei ist es hilfreich, wenn der Lehrer als erster „mitspielt" und damit Impulse gibt.

- Unsere Krippe hat sich gegenüber der ersten Aufstellung verändert!
  z. B. Alle Figuren sind ganz dem Jesuskind zugewendet.

- Die Krippe kann im Klassenzimmer stehen bleiben.
  Die Kinder können an weiteren Tagen auch aus der Sicht anderer Figuren ihre Gebete zum Kind in der Krippe sprechen.

Vom Stern zur Sternstunde
Sich vom Stern führen lassen - Zum Stern werden
Doppelkarten gestalten zu einem Gebetsruf

Hinweis:

Diese Besinnung will aufzeigen, welche Würde jedem Menschen, jedem Kind gegeben ist. Dieses Nachsinnen geht vom Weihnachtsstern aus, der auf Christus weist als Sternstunde für die Menschheit, und vom Erleben der drei Magier, die ihre Sternstunde in der Begegnung mit dem Jesuskind hatten.

Dabei ist an eine Dreiteilung gedacht, um den Stern als Sinnbild zu entdecken:
1. Die Magier lassen sich vom Stern führen.
2. Wer ist dein Stern?
3. Du selbst bist ein Stern.

Um einen nachhaltigen Eindruck zu hinterlassen, erhalten die Schüler eine Faltkarte im DIN A5-Format mit dem Bild von S. Köder: Wir haben seinen Stern gesehen.
Innen eingelegt wird ein Stern, der für jedes Kind vorbereitet ist.

Vorbereitung: *Folie mit Bild von den drei Weisen, Doppelkarten, Klebesterne in verschiedener Größe, aus gelbem Papier ausgeschnittene Kometen*

Zugänge:

- Das Bild von den drei Weisen wird als Folie aufgelegt, wobei der Stern noch abgedeckt bleibt.
  Was fällt dir auf?
  Schau auf die drei Männer!
  Sie sitzen auf Trümmern. Es hat nicht gehalten, worauf sie bis jetzt gebaut haben.
  Sie sind auf der Suche nach etwas Neuem:
  der rechte hält eine Schriftrolle und hofft auf ein helfendes Wort;
  der mittlere hält eine Landkarte und sucht einen Weg;
  der linke schaut auf und entdeckt am Himmel, was sie suchen.

- Der Stern wird aufgeblendet.
  Der Stern zeigt den Weisen den Weg zum Kind in der Krippe.

- Nun erhalten die Schüler die Doppelkarte

- Wer/was ist für dich so ein Stern, der dich begleitet, der dich führt?
  Die Kinder erhalten mehrere Sterne, wie sie in Geschäften angeboten werden, auch Sterne verschiedener Größe.

Für mich ist .... ein Stern, weil ....

Immer, wenn du für dich jemand oder etwas als Stern siehst, klebst du einen Stern deiner Wahl auf die letzte Seite der **Doppelkarte**.

Schreibe darüber: Meine Sterne

- Sprich für dich!
  Guter Gott, ich bin dankbar für .... (Benenne die Sterne!)

- Auf einem Tuch sind Sterne (Kometen) ausgelegt.
  Gedacht ist für jedes Kind ein Stern.

5. Klasse

- Mit deiner Geburt ist dein Stern aufgegangen.
  Du bist so ein Stern, so ein **Lichtpunkt**. Du bist wertvoll.

- Das wird auch in einem Text so gebetet.

  Es wird vorgelesen:
  Unter all die Sterne schrieb der Herr den Namen von dir.
  Unter all die Sterne hat der Herr dein Leben gestellt.

- Den Text auf Folie mehrmals vorlesen!

- Schreibe den Text auf die dritte Seite deiner Doppelkarte in der **Ich-Form** oder **Du-Form**:
  Unter all die Sterne schrieb der Herr den Namen von mir......
  oder
  Unter all die Sterne schreibst du, Herr, den Namen von mir.....

- Hol dir deinen Stern und lege ihn unter den Text!

  Überlege: Wo bist du Stern, Lichtpunkt?
  Für wen bist du ein Stern?

  Zeichne deinen Kometen auf der zweiten Seite jeweils dann nach, wenn du für dich entdeckt hast, wo du ein Stern bist.
  Du kannst stattdessen auch immer einen Zacken des Sterns ausmalen.

- Denke an eine „Stern-Stunde" und schreibe darüber an Gott einen **Brief**!

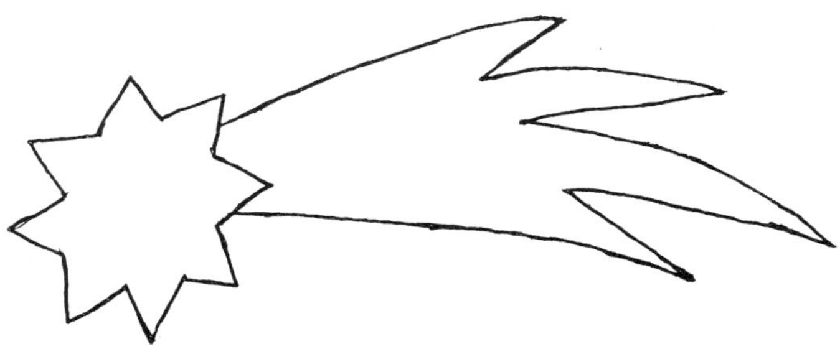

Den Kreuzweg Jesu mitgehen - dem eigenen Kreuzweg nachspüren

Hinweise:

„Kunst gibt nicht das Sichtbare wieder; Kunst macht sichtbar", schreibt Paul Klee. Schülern kann so im Bild ihr eigener Leidensweg sichtbar werden.

In den einzelnen Schritten dieser Besinnung erfahren die Schüler die Stationen des Kreuzwegs Jesu. Je nach Alter oder Situation kann auf eine Vollzähligkeit der Stationen verzichtet werden. Aus der Begegnung mit den einzelnen Kreuzwegstationen erspüren die Schüler, angeregt durch Impulse der Lehrkraft, ihre eigenen Verletztheiten, ihren eigenen Leidensweg, ihr eigenes Kreuz. In den Bildern des Kreuzwegs und in deren Ausgestaltung geben die Schüler ihren Leiden und den vielen Fragen Ausdruck und Gestalt. Sie spüren letztlich auch, dass Leiden, Niederlagen, Misserfolge und Rückschläge eine selbstverständliche Zugabe zum Leben sind. Andererseits ist Auferstehung für uns alle keine Vertröstung auf die Ewigkeit, sondern unverzichtbare Hoffnung, die hier und jetzt gelebt wird. Jesus ist uns dabei lebendiges Beispiel.

Es ist selbstverständlich, dass Erfahrung von Passion/Auferstehung nicht beschränkt zu bleiben braucht auf Fastenzeit/Osterzeit, sondern immer wieder mitklingt in allen Wochen eines Schuljahres.

Vorbereitung: *die vierzehn Kreuzwegstationen als Einzelbilder gebündelt oder in einem Kuvert für jeden Schüler; DIN A 3-Blätter entsprechend der Anzahl der Schüler; Wachsmalstifte, Filzstifte; evtl. Wollfäden und Kleber; Osterhalleluja von G. F. Händel; evtl. Blatt mit allen vierzehn Kreuzwegstationen*

Zugänge:

- Im Leben Jesu bleibt vieles unverständlich. Das erleben auch die Freunde Jesu. Sie fragen sich oft: Wer ist er eigentlich? Zu dieser Unverständlichkeit gehört auch der Kreuzestod Jesu.
  Auch für viele Menschen bleibt manches unverständlich: das Leid, die Not, das Kreuz.
  Wir gehen heute den Kreuzweg Jesu nach und spüren dabei unsere eigene Begrenztheit, unsere Kreuze, unsere Niederlagen.

- Die einzelnen Stationen aus dem Kreuzweg von Henri Matisse (nachgezeichnet nach einem Foto) erhalten die Schüler zusammengeheftet oder in einem Kuvert.

- Der Lehrer gibt zu den einzelnen Stationen Gedanken vor. Diese werden nacheinander auf Folie aufgeblendet.
  Die Schüler nehmen dabei eine Station nach der anderen schauend zur Hand und legen sie anschließend auf der Bank ab.

1. Station: angeklagt, verurteilt werden
2. Station: sein Kreuz tragen
   Welchen Namen hat dein Kreuz?
3. Station: zu Boden fallen, stürzen
4. Station: im Leid dem Vater, der Mutter begegnen
5. Station: Hilfe in der Not erfahren
6. Station: sein wahres Gesicht erkennen
7. Station: zum wiederholten Male fallen
8. Station: falsches Mitleid erfahren; beklagt werden
9. Station: fallen und kaum mehr aufstehen können
10. Station: alles hergeben müssen; alles verlieren
11. Station: keinen Ausweg mehr wissen; angenagelt sein
12. Station: loslassen können; sich ins Unvermeidliche fügen;
    fragen dürfen: Mein Gott, warum hast du mich verlassen?
13. Station: ausgeliefert sein
14. Station: lebend tot sein

- Lege auf deinem Platz die Stationen so zu einem Weg, wie es dir entspricht!

- Suche jetzt 1, 2 oder mehr Stationen, die ein Stück weit etwas von deinem Kreuz zum Ausdruck bringen und ordne sie nach deiner Wahl auf einem DIN A 3-Blatt an! Die Anmerkungen zu den einzelnen Stationen auf der Folie können dir Anhaltspunkte bei der Auswahl sein.
  Klebe sie fest!

- Bei den gewählten Stationen kannst du mit Wollfäden die Umrisse nachgestalten. Klebe dabei die Wollfäden entlang der Umrisse fest! So kannst du deine Stationen für dich noch eindringlicher erfahren und als

Bild behalten. Es ist auch sinnvoll, die ausgewählten Stationen farbig zu gestalten. (Farbstifte, Filzstifte, Wachsmalstifte)

- Unterlege die Bilder mit Worten, Ausdrücken, Sätzen deiner Wahl!

- Auf diesem Weg, auf diesem Kreuzweg darfst du dir der Solidarität Jesu sicher sein; er ist diesen Kreuzweg selbst gegangen. Seine Solidarität trägt sich durch bis zur Erfahrung „auferstehen dürfen, Auferstehung erleben, neues Leben haben".
  Gestalte die 15. Station **„Auferstehung"** so, dass sie durch deine Kreuzwegstationen hindurch sichtbar wird!
  Du kannst neben Farben und Symbolen auch Anfänge, Textzeilen aus Gebeten, aus Osterliedern wählen.
  Du kannst auch die Bildunterschriften im österlichen Sinne weiterführen.

- Ausklang: Osterhalleluja von G. F. Händel auf Cassette als **musikalischen Ausdruck** erleben lassen.

- Zum Abschluss schaut jeder Schüler schweigend, wie die Mitschüler ihren Kreuzweg gestaltet haben. Wer sein Bild nicht herzeigen will, dreht es einfach um.

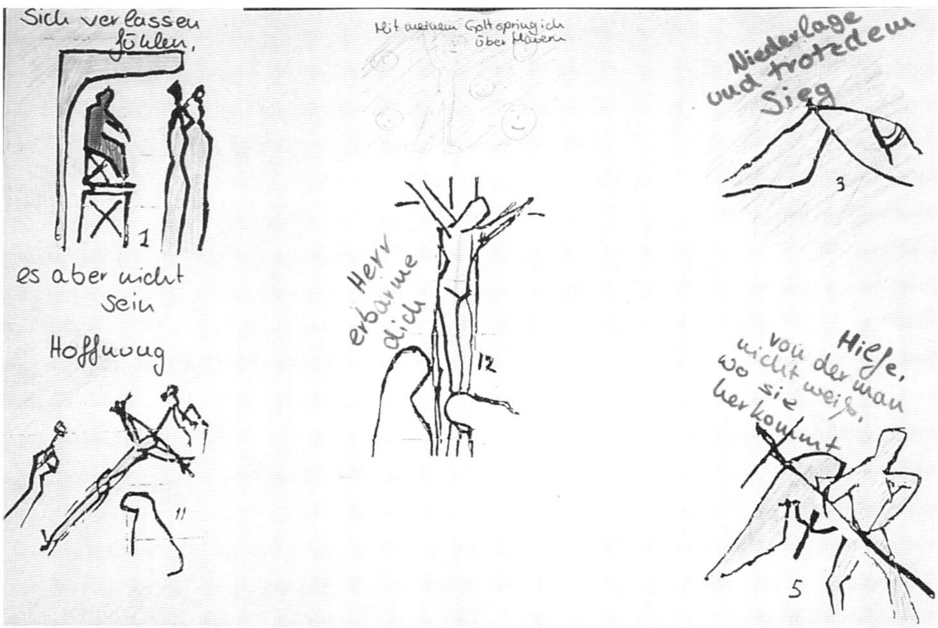

Regina, 9. Klasse

- weitere Möglichkeit:
  Der Kreuzweg wird in seiner **Gesamtheit** nach der Einleitung an die Schüler verteilt. Anschließend gestalten die Schüler die von ihnen ausgewählten Stationen farbig oder mit Wollfäden, schreiben ihre Gedanken dazu und überlegen sich die 15. Station „Auferstehung".

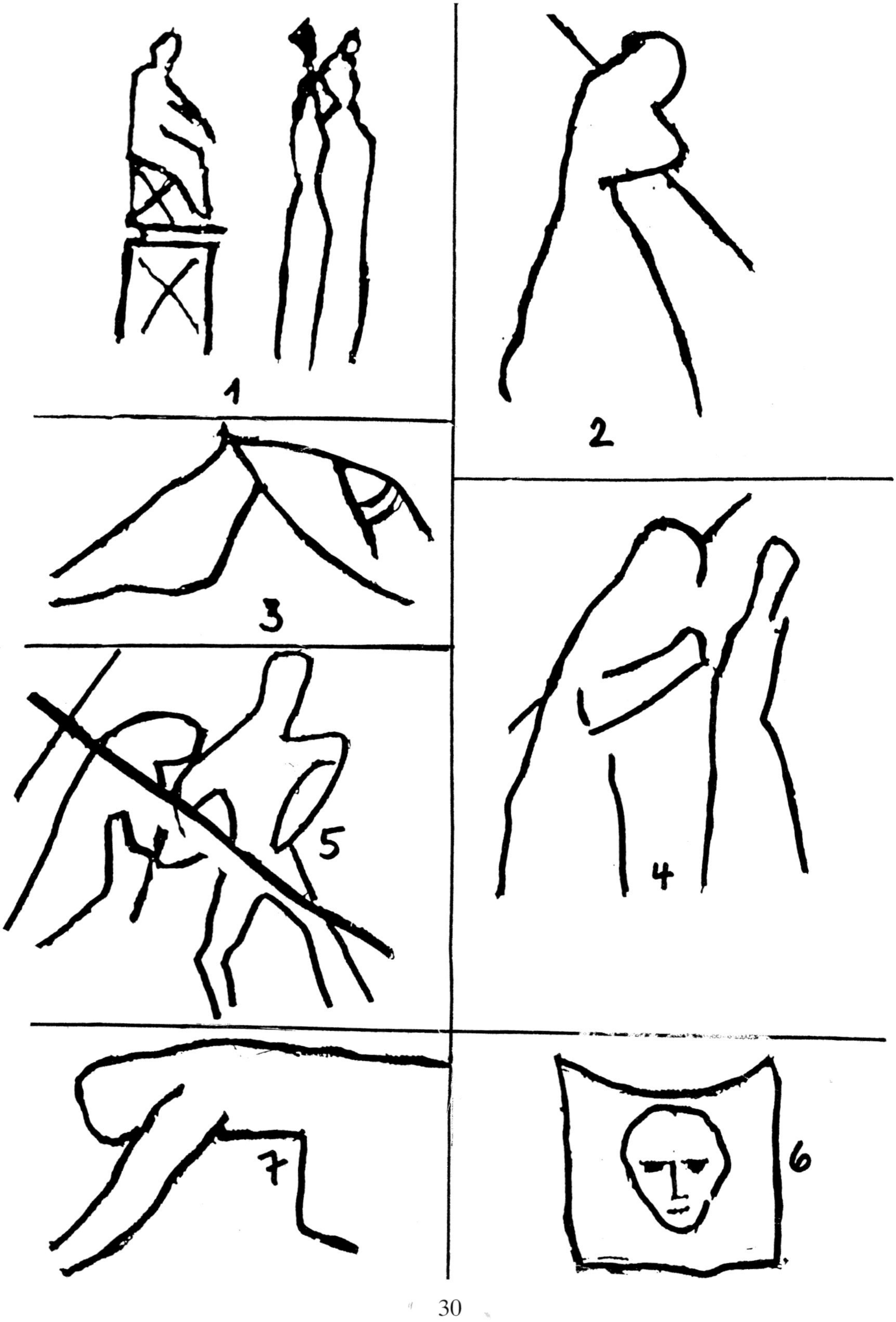
1
2
3
4
5
6
7

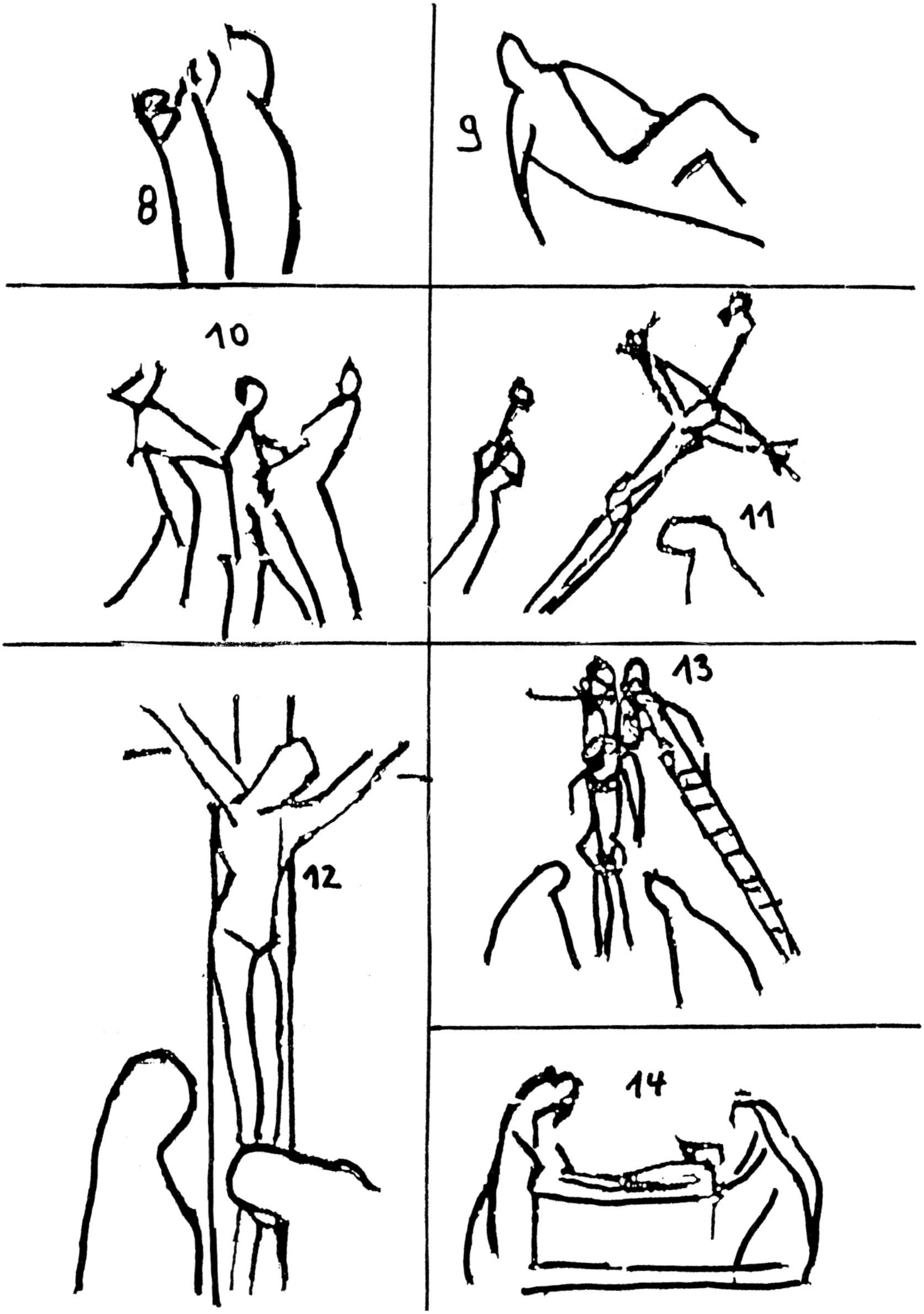
8
9
10
11
12
13
14

Anmerkung:
Für **jüngere Schüler** können auch einzelne Stationen des Kreuzwegs ausgewählt werden. Es entsteht ein Weg mit einzelnen Bildern.
In einem nächsten Schritt werden sie spüren, dass viele Menschen solche Kreuzwege gehen müssen.
Für sich werden die Kinder dann entdecken, dass auch ihnen das Kreuz nicht fremd ist, und dass Hilfe und Nähe von Menschen und von Jesus guttut. Dieser **dritte** Schritt soll hier dargestellt werden.

- Jedes Kind erhält die Bilder zu den sechs ausgewählten Stationen. (Kreuzweg aus der Kirche St. Michael in Regen)
  Die Kinder schauen auf die Bilder, zu denen der Lehrer jeweils kurze Gedanken gibt, die schriftlich auf Folie festgehalten sind. Zum Schluss liegen die sechs Stationen in einer Reihe.

1. Station: Niemand mag gerne verurteilt werden.
Es tut nicht gut zu hören: Du passt nicht zu uns!
Du taugst nichts!
Es tut weh, solche Urteile zu spüren.

2. Station: Niemand erlebt nur Schönes und Angenehmes in seinem Leben. Auch jedes Kind hat zu leiden, jedes Kind hat ein Kreuz zu tragen.

3. Station: Oft drückt das Kreuz ganz schwer. Es tut weh.
Jeder möchte das Kreuz loswerden, weil er sonst zusammenbricht. Mancher sagt: Ich kann nicht mehr! Es wird mir zuviel!

5. Station: Dann ist es gut, wenn jemand mittragen hilft, wenn jemand ein liebes Wort sagt, wenn jemand dich umarmt. Damit wird das Kreuz leichter.

6. Station: Es finden sich immer wieder gute Menschen, die genau spüren, wo das Kreuz drückt. Sie kommen und helfen einfach.
Wie gut das tut, wenn es dir schlecht geht.

12. Station: Selbst in der schlimmsten Stunde sind gute Menschen da, die dich nicht im Stich lassen.

- Suche dir eine oder zwei Stationen, die heute auf dich passen und klebe sie auf das DIN A4-Blatt!
  Du darfst zu deinen Stationen erzählen, wenn du willst.

- Schreibe unter das Bild einen persönlichen Satz!

- Fahre mit einem Stift die Personen und das Kreuz nach!

- **Erzähle** Jesus, warum du diese Station gewählt hast!

- Das Leiden geht vorüber. Es scheint die Auferstehung, Ostern durch. Gestalte das Blatt mit Farben so, dass man etwas von dieser Osterfreude merkt!

Schreibmeditation und Gestaltung
zu Sieger Köder: „Schmerzensmann" aus dem Hungertuch 1996

(Die Folienreihe zum Hungertuch „Hoffnung den Ausgegrenzten" ist zu beziehen durch Misereor, Aachen)

Vorbereitung: *Bild „Schmerzensmann" aus Folienreihe oder ein anderes Bild des Gekreuzigten, Dornenstücke*

- Einleitende Gedanken:
  Immer wieder begegnen uns Menschen, die leiden oder von der Gesellschaft ausgegrenzt sind. Diese Menschen kennen wir zum Teil mit Gesicht und Namen, meist sind sie namenlose Geschöpfe.
  Der Prototyp dieses leidenden und gequälten Menschen ist Christus.

  „Seht - der Mensch!" „Ecce homo!"

- *Folie aufblenden* -

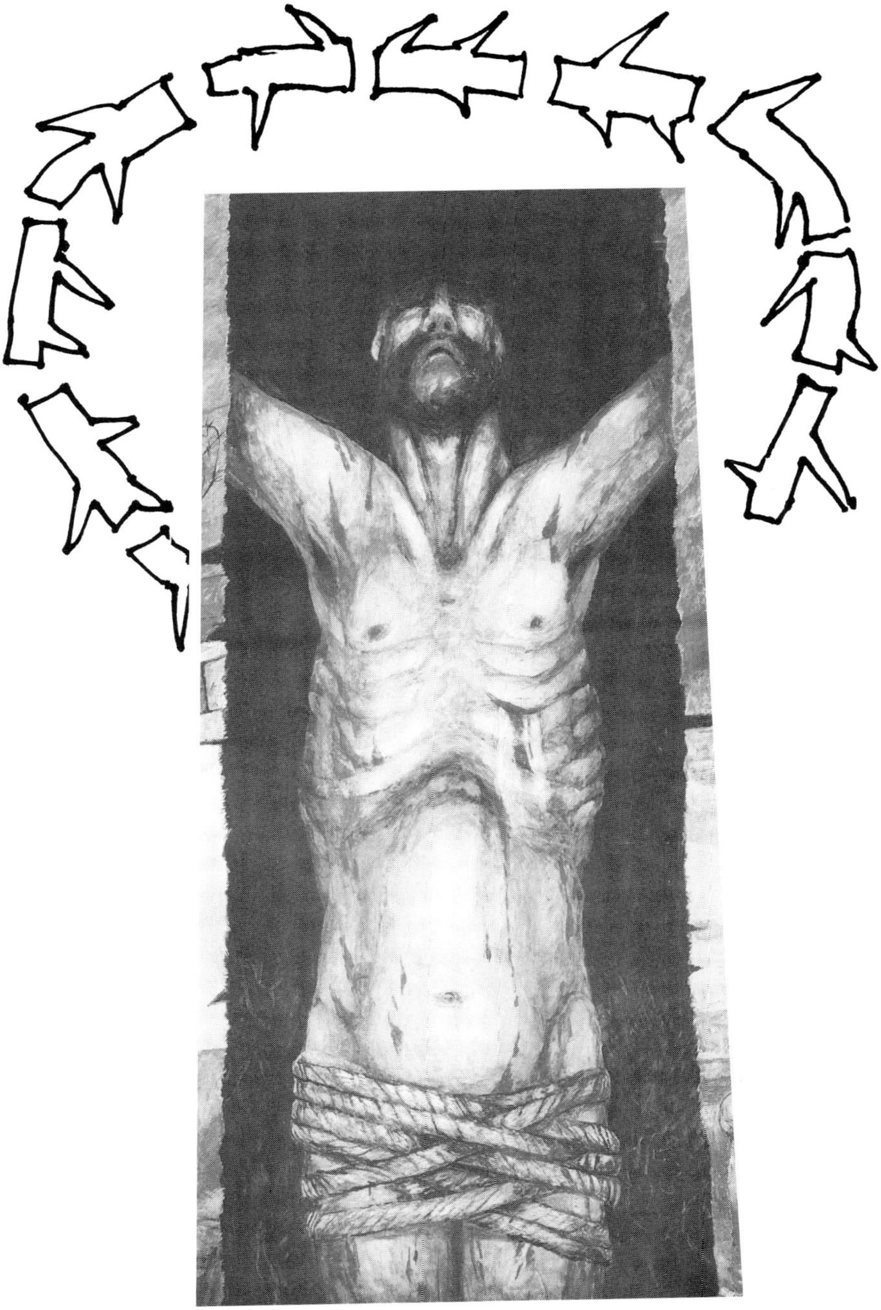

- An ihm ist nichts Anziehendes mehr. Er ist festgenagelt; kann sich nicht mehr rühren. Alle Schönheit ist vergangen.
  Das ist also auch der Mensch. Diese Seite gehört zum Menschen, zu uns.

- „Mein Gott, warum hast du mich verlassen?" So schreit Jesus.

- „Mein Gott, warum hast du mich verlassen?" So schreit ein verhungerndes Kind.

  Lehrkraft legt ein Stück eines **Dornzweiges** auf das Bild .
  Schüler führen weiter und bilden mit den einzelnen Stücken von Dornzweigen eine Dornenkrone.

  Die angefangene Dornenkrone wird um ein Stück ergänzt.

  So schreien Menschen, die an Krebs leiden. (Dornzweig wird gelegt.)
  So schreien Kinder, die nicht verstanden werden ... (Dornenkrone wird ergänzt.)

- „Mein Gott, warum hast du mich verlassen?" So schreie ich, wenn ...

  Die Dornenkrone wird erweitert.
  Die Schüler brauchen ihre Not natürlich nicht laut vor der Klasse vortragen, sondern legen ein Stück der Dornenzweige schweigend dazu.

- Beginne Gebetsrufe mit:
  Gott, ich denke an ...

  Führe mit einer Bitte, die uns betrifft, weiter:

  ... und bitte: lass uns die Not der anderen nicht übersehen!
  ... und bitte: lass uns erfinderisch sein in der Hilfe für andere!
  ... und bitte: sei uns im Leid nahe!
  ... und bitte: versteck dich nicht, wenn wir uns nicht mehr zu helfen wissen!

- Schreibmeditation

Über das Folienbild wird eine Leerfolie gelegt.
Die Schüler werden aufgefordert, schweigend um das Bild Gedanken, Fragen, Worte, Ausrufe, Symbole ... zu schreiben.
Mit passender Musik wird diese Begegnung im Schweigen gestützt.

z. B. *Warum?*
Wer fragt nach mir?
Vom Menschen erzeugte Qual
Schaut so das Ende des Menschen aus?
Himmel oder Hölle?
Aus! Erledigt!

Anschließend sind ein kurzes Gespräch, eine Zusammenfassung oder ein Gebet möglich:

z. B. *Uns quält die Frage: Warum? Wir finden keine Antwort darauf. Immer wieder kommt in uns auf: Wie ist das alles mit dem guten Gott vereinbar? Gott, Du bist oft der Dunkle für uns, den wir anschreien, anklagen, nicht verstehen. Sei du uns und allen nahe, die von ihren Ängsten und Leiden nahezu erdrückt werden.*

Sterben und auferstehen - dem Osterlied Exsultet nachgehen

Hinweise:

Folgende Besinnung ist nicht nur für die Osterzeit gedacht. Sie bietet sich kirchenjahrgemäß auch für die Zeit um Allerheiligen an. Außerdem ist sie dann angebracht, wenn Kinder mit dem Tod eines Angehörigen konfrontiert worden sind. Es wird das Bild des Christus verkündigt, der die Ketten des Todes zerriss. Verschiedene Bilder zeigen den Niedergang des Todes und die Hoffnung der Auferstehung auf.

Vorbereitung: Folie mit Exsultet, für jeden Schüler Blatt mit Exsultet und Bild von Maria Magdalena am leeren Grab, Farbstifte

Zugänge:

- Verschiedene Menschen haben erfahren, dass Jesus nach seinem Tod weiterlebt, dass er auferstanden ist. Davon erzählt auch die österliche Begegnung zwischen Maria Magdalena und Jesus.
  Lehrer erzählt zu Joh 20, 1-10.

  Aus diesen Erzählungen spüren die Menschen, dass der Tod besiegt ist. Christus hat den Tod überwunden. Er ist auferstanden.
  Wir, die wir zu ihm gehören, werden mit ihm sterben und mit ihm auferstehen.
  Diese unbegreifliche Hoffnung wird im Exsultet der Osternacht besungen.

- Exsultet wird auf Folie gezeigt.

Frohlocket, ihr Chöre der Engel,
frohlocket, ihr himmlischen Scharen,
lasset die Posaune erschallen,
preiset den Sieger, den erhabenen König!
Lobsinge, du Erde,
überstrahlt vom Glanz aus der Höhe!
Licht des großen Königs umleuchtet dich.
Siehe, geschwunden ist allerorten das Dunkel.
Dies ist die Nacht,
in der die leuchtende Säule
das Dunkel der Sünde vertrieben hat.
Dies ist die selige Nacht,
in der Christus die Ketten des Todes zerbrach
und aus der Tiefe als Sieger emporstieg.
O wahrhaft selige Nacht,
die Himmel und Erde versöhnt,
die Gott und Menschen verbindet!

- Lehrer liest vor oder singt vor.

- Alle Schüler erhalten ein Blatt, auf dem das Exsultet steht und das Bild von S. Köder „Maria am Ostermorgen" dargestellt ist.

  Unterstreiche die Stelle, in der davon die Rede ist, dass Christus den Tod besiegt hat! (in der Christus die Ketten des Todes zerbrach)

  Verschiedene Wörter und Ausdrücke erzählen von der Überwindung des Todes. Unterstreiche mit Farben, die dies verdeutlichen!
  (Frohlocket, Sieger, Posaune erschallen, überstrahlt, selige Nacht ...)

- Sprich den ganzen Text und rede dabei Christus an!

- Gestalte mit diesen Ausdrücken das Bild von Maria Magdalena am Ostermorgen!
  Du kannst in verschiedenen Farben und Schriftformen in das Bild schreiben.
  Es soll deutlich werden: Jesus ist auferstanden. Der Tod ist besiegt.

4. Beten mit der Bibel

Sich mit Jesusworten identifizieren

Hinweise:

Die Schüler sollen spüren, dass Jesusworte ihnen zugesprochen sind. In den Personen der Bibel, in deren Freuden und Anliegen spiegelt sich ihre eigene Situation.

Vorbereitung: *DIN A 3-Blätter mit Jesusworten; eventuell Teelichter oder stilisierte Blüten oder farbige Klebepunkte; Karten mit aufgedruckten Jesusworten*

Zugänge:

- Heute hören wir in uns hinein, was uns am meisten beschäftigt. Das kann etwas Belastendes, etwas Ermunterndes, etwas Aufbauendes sein. Lass dir Zeit und entscheide dich dann für eine Situation!

- In dieser Situation begegnest du Jesus.
  Auf dem Boden liegen verdeckt fünf oder mehr DIN A4 bzw. DIN A3 Blätter mit Jesusworten. Diese müssen nach Anzahl und Aussage auf das Alter der Kinder abgestimmt sein.
  Die Blätter können auch an verschiedenen Stellen der Wand im Klassenzimmer hängen.
  Sie werden einzeln aufgedeckt.

Mk 7,34	*Lk 7,13*
Effata! Tu dich auf.	Weine nicht!

Lk 5, 4

Fahr hinaus
auf den See!

Mk 6, 31

Kommt und ruht euch
ein wenig aus!

Mt 11,28

Kommt alle zu mir,
die ihr es schwer habt!

Lk 6, 8

Stell dich in die Mitte! Du bist wer.

Lk 18, 41

Du sollst wieder
sehen können!

Mt 6,32

Der Vater im Himmel weiß,
was du brauchst.

Mt 8,26

Was habt ihr
solche Angst?
Ich bin doch bei euch.

Lk 14, 27

Wer nicht
sein Kreuz trägt,
gehört nicht zu mir.

Lk 10,20

Freut euch darüber, dass eure
Namen
im Himmel
verzeichnet sind!

Lk 10,4

Geht!
Nehmt keinen
Geldbeutel,
keine Vorratstasche,
keine Schuhe mit!

- Der Lehrer gibt jeweils Informationen zum biblischen Hintergrund und Impulse zur Aktualität der Jesusworte:

  Mk 7, 34:
  Jesus spricht zu einem, der taub und stumm ist.
  Wie oft hören wir die ausgesprochenen und unausgesprochenen Nöte von Menschen nicht! Wir sind taub.
  Wie oft fehlen uns die richtigen Worte! Wir sind stumm.

  Lk 7, 13:
  Jesus nimmt die Witwe von Nain in die Arme und tröstet sie.
  Von jemand umarmt zu werden und gesagt zu bekommen „Ich versteh dich. Bei mir bist du gut aufgehoben", das wünscht sich jeder.
  So nimmt Jesus uns alle in die Arme, wenn wir am Ende sind.

  Lk 5, 4:
  Du darfst das sichere Ufer verlassen; du darfst dich hinauswagen in die Weite der Ungewissheit; du kannst vieles wagen!
  Du hast sein Wort, Jesu Wort: Fahr hinaus!

  Mk 6, 31:
  Ein einladendes Wort Jesu!
  Du brauchst Ruhe, Entspannung, Regeneration. Du kannst neue Kraft holen bei ihm.

  Mt 11, 28:
  Jeder, der in Problemen versinkt, der nicht mehr ein noch aus weiß, der aufgeben will, der völlig verunsichert ist, ... hört von Jesus das Wort: Komm doch zu mir!

  Lk 6, 8:
  Zu einem, der abgeschrieben ist bei den Leuten, zu dem Mann mit der verkrüppelten Hand spricht Jesus diese Worte.
  Bei Jesus hast du Ansehen, auch wenn andere dich längst nicht für voll nehmen, auch wenn andere dich nicht genügend beachten.

Lk 18, 41:
So spricht Jesus zum Blinden von Jericho. So spricht er zu allen, die blind sind für die Schönheiten im Leben; zu allen, die nicht mehr sehen können, was anderen nottut; zu allen, ...
Mach uns wieder sehend!

Mt 6, 32:
Jesus sieht, wie Menschen sich plagen, um für alles zu sorgen, um alles abzusichern.
Er setzt dagegen: Der Vater weiß, was du brauchst. Verlass dich auf ihn! Leb ein Stück Gelassenheit!

Mt 8, 26:
Der Sturm tobt. Das Wasser steht bis zum Hals. Die Jünger drohen unterzugehen. Und selbst da spricht Jesus: Was hast du solche Angst? Ich bin doch da!

Lk 14, 27:
Ein Wort Jesu, das wir nicht gerne hören. Das klingt eher lebensfeindlich. Und doch ist es eine Tatsache im Leben jedes Menschen. Es ist hart. Kaum einer von uns will das so annehmen, im Gegenteil: Das, was kraftvoll ist, zählt! Meint man!

Lk 10, 20:
Freu dich, dass Gott deinen Namen kennt, dass Gott dich beim Namen nennt. Du bist nicht einer von vielen. Dadurch, dass du beim Namen genannt wirst, bist du etwas Besonderes.

Lk 10, 4:
Jesus schickt seine Freunde aus und meint:
Verlasst euch nicht auf das, was ihr habt!
Verlasst euch nicht auf das, was ihr könnt!
Kommt so, wie ihr seid!

- Stell dich zu dem Jesuswort, das heute zu Dir passt!
  Aussprache möglich!

  oder:
  Stelle ein Teelicht dazu! 

  oder:
  Lege eine (stilisierte) Blüte dazu! 

  oder:
  Setze farbige Klebepunkte daneben!

  oder:
  Setze einen Kreis oder Strich unter die Worte, wenn sie auf Folie angeboten werden!

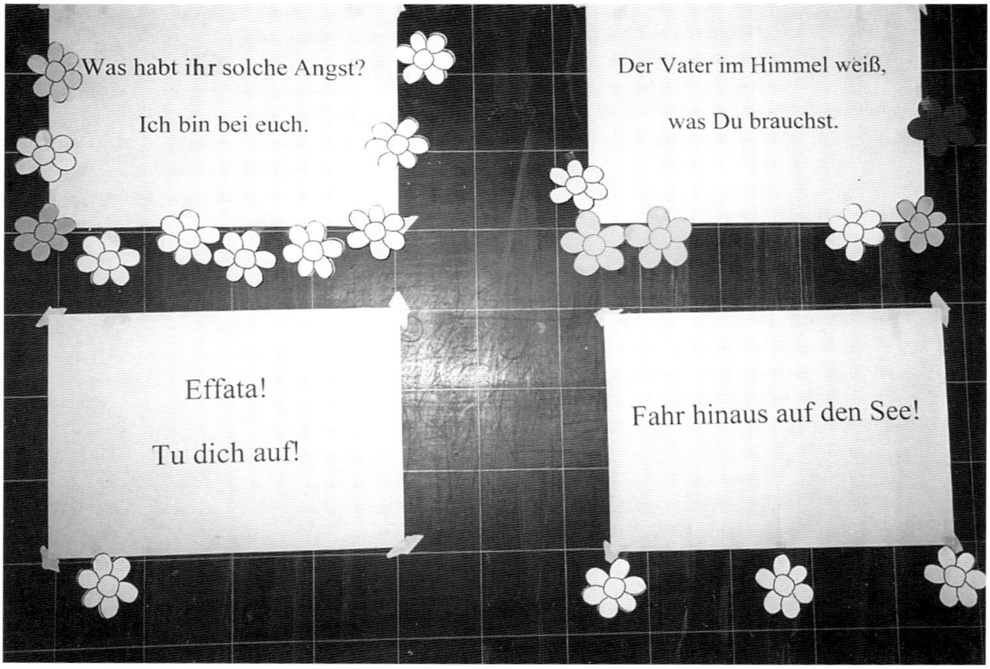

- Gespräch über die Auswahl möglich!
  Die Erfahrung zeigt, dass sich deutliche Mehrheiten für solche Jesusworte finden, die auch unmittelbar die Situation der Schüler treffen, z. B. Was habt ihr solche Angst? Ich bin doch bei euch.

- Setze deinen **Vornamen** vor diesen Ausspruch und höre ihn Jesus sagen!
  Wiederhole öfter! *z. B. Tobias, was hast du solche Angst? Ich bin doch bei dir.*

- Die Worte liegen auch in **Postkartengröße** in genügender Anzahl vor. Lege dein Jesuswort auf die Bank und nimm es als Begleitung durch diesen Tag! Du kannst es auch **farbig** gestalten!

- möglicher Abschluss:

Jesus,
lass uns von deinem Wort ermutigt werden,
lass uns nach deinem Wort leben,
lass uns über dein Wort nachdenken,
lass uns nach deinem Wort handeln,
lass uns aus deinem Wort Zuversicht schöpfen,
lass uns ...

(eigene Weiterführungen durch die Schüler)

Psalmworte auswählen und verinnerlichen

(Symbolbilder aussuchen, Karte gestalten)

Hinweise:

In den Psalmen bringt der Beter sein ganzes Leben vor Gott zur Sprache. Dabei beschränkt er sich nicht auf Lob-, Dank- und Bittrufe. Er bringt sehr wohl auch sein Klagen, seine Zweifel und seine Hilflosigkeit immer wieder zum Ausdruck.

Die Psalmen sind bis heute fest im kirchlichen Stundengebet verankert. Viele Gedanken aus den Psalmen sind zu Begleitern bis in unsere Tage geworden und geben reichlich Trost, Halt, Zuversicht und Stärkung. In den Ausdrücken und Worten der Psalmen kann jeder unschwer seine eigenen Erfahrungen entdecken.

Darum geht es auch, wenn Kindern verschiedene Sätze aus den Psalmen vorgelegt werden: die eigene Situation in der Sprache der Psalmen erkennen.

Die Schüler erleben Worte aus den Psalmen, lassen sie bei sich ankommen und wirken. Von einigen sollen sie sich persönlich ansprechen lassen. Diese werden dann vielleicht zu selbstverständlichen Begleitern.

Larissa, 7. Klasse

Vorbereitung: *Psalmworte auf Folie, viele Bilder aus Kalendern, „Dinge" aus der Natur zum Gestalten*

Zugänge:

- Eine Anzahl von Psalmworten wird auf Folie der Reihe nach aufgeblendet.

Ps 23, 4	Ps 18, 30
Ich fürchte kein Unheil, denn du bist bei mir.	*Mit meinem Gott springe ich über Mauern.*
Ps 63, 9	**Ps 69, 2**
Ich hänge an dir. Deine Hand hält mich fest.	*Das Wasser steht mir bis zum Hals.*
Ps 31, 13	**Ps 33, 5**
Ich bin wie ein zerbrochenes Gefäß.	*Von deiner Güte lebt die ganze Welt.*
Ps 16, 1	**Ps 139, 14**
Mein Glück finde ich allein bei dir.	*Ich bin ein Gedanke Gottes.*
Ps 31, 16	**Ps 22, 3**
Meine Zeit steht in deinen Händen, Herr.	*Mein Gott, Tag und Nacht rufe ich um Hilfe, doch du antwortest nicht.*

Ps 56, 3

Wenn ich Angst bekomme, setze ich mein Vertrauen auf dich.

Ps 142, 3

Auch wenn ich selber allen Mut verliere, du, Herr, weißt, wie's mit mir weitergeht.

Ps 139, 4

Von allen Seiten umgibst du mich, Herr, und du legst deine Hand auf mich.

Ps 8, 5

Du hast dem Menschen Würde gegeben. Es fehlt nicht viel, und er wäre wie du.

- So rufen Menschen in verschiedenen Situationen.
  Wer redet so?
  In welchen Situationen befinden sich Menschen, die so sprechen?
  Was empfinden sie?
  Was spricht aus den Worten? Was hörst du?
  z. B. Zuversicht, Angst, tiefes Vertrauen.

- Erzähle dazu jeweils Geschichten und Erfahrungen!

- Was halten die Beter von Gott?
  z. B. sie zweifeln an ihm: Ps 22, 2
  sie setzen auf ihn: Ps 56, 3

- Du kannst dir ein Psalmwort wählen, das zu dir passt.
  Schreibe es auf und **führe den Gedanken schriftlich weiter!**
  (vgl. Hans Schmid: Die Kunst des Unterrichtens, München 1997, S. 86)

  z. B.

  Mein Gott, Tag und Nacht rufe ich um Hilfe, doch du antwortest nicht. Du weißt, wie es mir geht. Ich habe große Probleme und brauche Hilfe. Hoffentlich kann ich das alles durchstehen! Lass dich doch hören! Du bist so weit weg; ich kann dich nicht spüren ...

Theresa, 7. Klasse

- Suche dir von den ausgelegten **Bildern** (z. B. Naturbilder, Gesichter von Menschen, Bilder von menschlichen Situationen) eines aus, das zu deinem Psalmwort stimmig ist. (Es ist jedem Lehrer nur zu empfehlen, vor allem aus Kalendern Bildern zu sammeln oder Karten mit verschiedenen Motiven. Damit können schülernahe Zuordnungen geschaffen werden.)
  In diesem Fall kann der Psalmvers auf das Bild gelegt oder geklebt werden. So finden sich Psalm und Situation des Schülers in einem Bild wieder.
  Die Schüler können die Wahl ihres Bildes begründen.

- Alle Schüler, die den gleichen Psalmvers gewählt haben, gestalten ein Plakat, auf dem der Vers in der Mitte steht,
  mit Farben oder
  mit bunten Papierteilen oder
  mit „Dingen" aus der Natur wie Blätter, Blumen, Rinden oder
  mit Symbolen.

- Die gewählten Gedanken werden zu einem **neuen Psalm** zusammengestellt und dienen als Gebet in der Klasse.

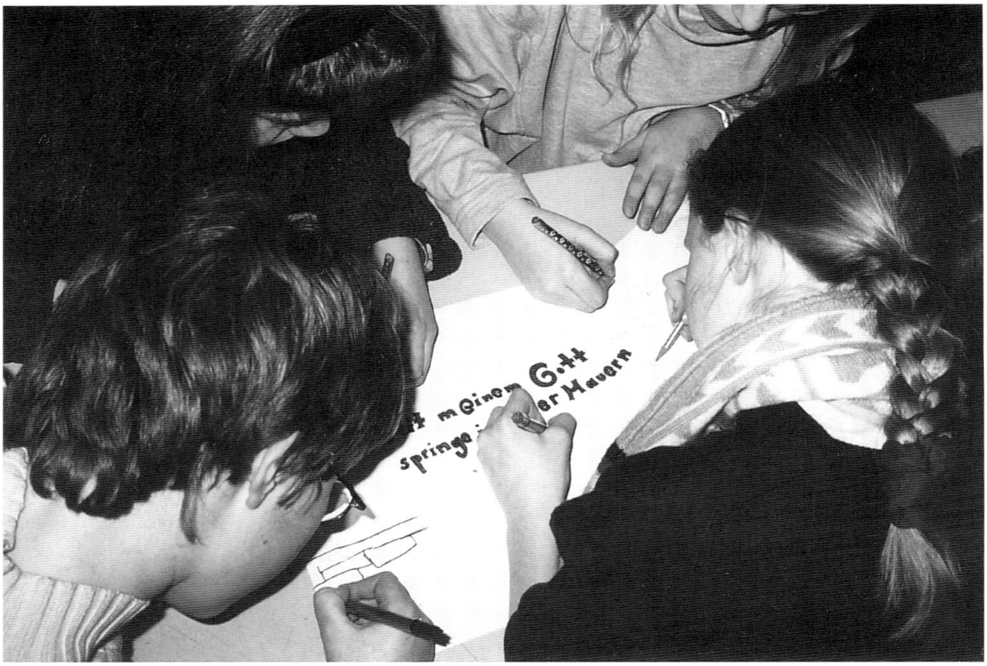

7. Klasse

Einen biblischen Text betend aufbereiten
(Hochzeit zu Kana: Joh 2,1-11)

Vorbereitung: *Bild „Hochzeit zu Kana" auf Folie; Blätter mit Jesusbild, Papierstreifen mit leeren Krügen*

- Bronzetafel „Hochzeit zu Kana" von Wolf Hirtreiter (Kirchentüre in Winzer)

Das ist ein Hochzeitsfoto.

- Der Text aus dem Evangelium wird, soweit notwendig, erzählt oder gelesen.

- Gedanken der Lehrkraft:
  Dem Brautpaar geht der Wein aus ... Es geht das aus, was eine Hochzeit erst in Schwung bringt ... Es geht das aus, was Leben erleichtert, was Freude weckt, was aufmuntert, Kraft gibt ... Es geht der Wein aus.

- Jeder Schüler erhält einen Streifen Papier, auf dem Krüge gezeichnet sind, dazu ein Blatt mit dem Bild von Jesu.

- Was bei mir schon ausgegangen ist!
  Wo meine Krüge leer geworden sind!
  Wo ich wieder Stärkung brauche!

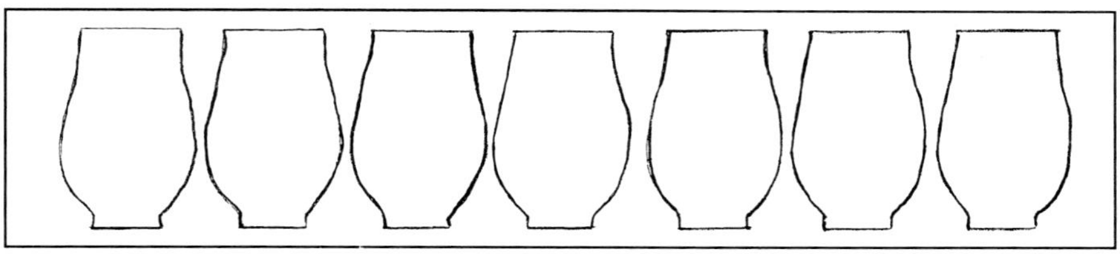

Wenn du für dich das festgelegt hast, trennst du einen leeren Krug ab und stellst ihn vor Jesus!
Das können auch mehrere sein.
Sag ihm, was du vor ihn hinstellst! Sag ihm, was du brauchst!

(Schweigen)

- Unsere leeren Krüge stehen vor Jesus.
  Wir bringen ihm Wasser; d. h. wir bringen das, was wir haben; das ist eine ganze Menge.
  Er macht daraus „Wein“, der in unser Leben Freude, Kraft, Zuversicht bringt.
  Er will, dass unser Leben reich wird.

- Du kannst folgendes Gebet weiterführen:

  Jesus Christus,
  du schenkst bei der Hochzeit zu Kana den Wein der Freude.

  Schenke mir den Wein der Zuversicht!
  Schenke mir den Wein der ____________________

Worte auswählen, die Menschen an Jesus richten

Hinweise:

Die Schüler begegnen einzelnen biblischen Personen und erfahren in aller gebotenen Kürze deren Situation, die Anlass für die Worte ist, die an Jesus gerichtet werden. Aus den angebotenen Sätzen wählen die Schüler den, der ihnen gerade in ihrer persönlichen Lage am ehesten entspricht. Dabei schlüpfen sie einerseits in die Rolle der biblischen Person und kommen andererseits auf ihre eigene Situation zu sprechen, wenn sie formulieren sollen, was Jesus auf ihren Ruf antwortet.

Vorbereitung: Blätter mit Bibelworten, Karten mit den gleichen Bibelworten, evtl. biblische Bilder

Zugänge:

- Hinführung
  Heute begegnen wir verschiedenen Menschen aus der Bibel. Sie haben eines gemeinsam: sie sind alle Jesus begegnet und haben mit ihm gesprochen.
  Ich stelle sie kurz vor.

- An der Tafel sind etwa fünf Blätter so befestigt, dass nur die leere Rückseite für die Schüler sichtbar ist. Dann können die Schüler die Blätter der Reihe nach umdrehen und lesen.
  oder:
  Die Blätter sind an verschiedenen Stellen im Klassenzimmer aufgehängt. Wir gehen sozusagen von einem biblischen Ort zum andern.
  oder:
  Die Schüler sitzen im **Kreis** um die Blätter mit den Worten an Jesus.

- Die Situationen der betreffenden Personen werden kurz erklärt.

- Spüre deinem **eigenen Befinden** nach!
  Geht es dir gut? Bist du in Schwung? Was quält dich? Was macht dir Angst? Was gibt dir Kraft? Was freut dich?

- Welches Wort an Jesus passt heute für dich am besten?
  Wähle aus! (aus **Karten**, auf denen dieser Satz geschrieben steht)
  Begründe deine Wahl, wenn du willst!

- Sprich den Satz bei geschlossenen Augen ein paarmal vor dich hin!
  Setze Jesus davor! Jesus, ...

- Was hörst du **Jesus als Antwort** sagen?
  Beginne den Satz, den Jesus spricht, mit deinem Vornamen, also:
  Anna, ...
  Formuliere dies schriftlich auf der Karte!
  Sprich die Antwort laut vor der Klasse oder:
  Sprich die Antwort leise vor dich hin!

- Du kannst die Karte mit deinem Ruf und der Antwort Jesu auch bildnerisch gestalten. Verwende die Farbe, die den Rufen und Antworten am meisten entspricht!

- Gestalte das **Symbol**, das am besten zutrifft: Blume, Nägel, Dornen, Stein, Fels, Blüten, Lichter, Kreise, Mauer, Brunnen, Quelle usw.

- Dein Wort an Jesus und die Antwort Jesu sollen dich in den Tag begleiten.

- Für jüngere Kinder kann es gut sein, wenn die Worte auch mit Bildern verdeutlicht werden.

Die Samariterin am Jakobsbrunnen:
Herr, gib mir dieses Wasser, damit ich keinen Durst mehr habe.
(Joh 4, 15)

Zeichnung von Wolf Hirtreiter

Die Emmausjünger:
Herr, bleib doch bei uns!
(Lk 24, 29)

Umrisszeichnung nach Sieger Köder: Emmaus

- Worte an Jesus mit kurzen Erläuterungen:

Lk 24, 29	Mk 10, 47
Herr, bleib doch bei uns!	Jesus, habe Erbarmen mit mir!

Mk 9, 22	Mk 4, 38
Doch, wenn du kannst, hilf uns; hab Mitleid mit uns!	Herr, kümmert es dich nicht, dass wir zugrunde gehen?

Lk 9, 13	Lk 9, 57
Wir haben nicht mehr als fünf Brote und zwei Fische.	Ich will dir folgen, wohin du auch gehst.

Joh 4, 15	Lk 5, 12
Herr, gib mir dieses Wasser, damit ich keinen Durst mehr habe.	Herr, wenn du willst, kannst du machen, dass ich vom Aussatz befreit werde.

Lk 7, 6	Lk 5, 5
Herr, bemüh dich nicht! Ich bin es nicht wert, dass du mein Haus betrittst.	„Meister, wir haben die ganze Nacht gearbeitet und nichts gefangen. Doch wenn du es sagst, werde ich die Netze auswerfen."

Lk 24, 29:
Das bekannte Wort der Emmausjünger, die Jesus nicht erkennen.
Sie sprechen aus dem Herzen: „Herr, bleib doch bei uns! Denn es ist gut mit dir. Denn durch dich wird manches deutlicher und leichter."

Mk 10, 47:
Ein Ruf, den viele Menschen an Jesus richten. In diesem Fall kommt er von Bartimäus, der als Blinder seinen Lebensunterhalt auf der Straße erbettelt. Er „sieht" seine Chance, als er wahrnimmt, dass Jesus in seiner Nähe ist.
Jesus, hab Erbarmen mit meinem Blindsein, mit meiner Not!

Mk 9, 22:
Eine innige Bitte, die vom Vater eines besessenen Kindes kommt. Er will seinem Jungen helfen, aber er kann nicht.
Oft kommt dieser Ruf um Mitleid, um Hilfe über meine Lippen, um Hilfe für Menschen, die mir anvertraut sind, um Hilfe für mich selbst.

Mk 4, 38:
Die Frage der Jünger, die beim Sturm auf dem See unterzugehen drohen.
Das ist auch oft unsere Frage, wenn es uns schlecht geht.

Lk 9, 13:
Die Antwort der Jünger auf die Aufforderung Jesu: Gebt doch ihr den Menschen zu essen! Aus dem, was wir zu bieten haben, kann Jesus mehr machen. Mit dem wenigen dürfen wir zu ihm kommen.

Lk 9, 57:
Dieses Wort, das ein Mann zu Jesus spricht, klingt sehr großspurig. Jesus zeigt ihm gleich die Konsequenzen auf: Die Vögel haben ihre Nester, der Menschensohn aber hat keinen Ort, wo er sein Haupt hinlegen kann.
Wärst du damals mit ihm gegangen?
Würdest du heute mit ihm gehen?

Joh 4, 15:
Wer wünscht sich nicht wie die Samariterin dieses Wasser, das für immer den Durst löscht!
Jesus selbst ist für uns dieses lebendige Wasser. Von ihm können wir leben.

Lk 5, 12:
Ein Kranker, in diesem Fall ein vom Aussatz Geplagter, wirft sich Jesus zu Füßen und bittet ihn um Heilung. Wo auch immer wir Heilung brauchen, dürfen wir ihn anrufen, uns zu helfen.

Lk 7, 6:
Bis heute sind uns die Worte des Hauptmanns aus Kafarnaum wohl vertraut als immer wiederkehrende Worte vor der Kommunion.
Wir spüren unsere Begrenztheit, unsere Neigung zum Bösesein. Und doch! Jesus kommt zu uns, wenn er kommen darf.

Lk 5,5:
So antwortet Simon Petrus auf die Aufforderung Jesu, noch einmal auf den See hinauszufahren und zu fischen.
Wie oft haben wir uns vorbereitet, uns angestrengt und abgemüht! Umsonst! Alles vergebens!
Auf sein Wort hin trauen wir uns erneut, trotz bisherigen Misserfolgs.

Aus der Sicht biblischer Personen beten

Hinweise:

„Gott hat sein Ohr an unseren Herzen" ist eine deutende Versprachlichung von Jesaja 65, 24: „Schon ehe sie rufen, gebe ich Antwort, während sie noch reden, erhöre ich sie."
Klaus Hemmerle hat seine Einübung ins Gebet in Abwandlung des Jesajawortes mit „Dein Herz an Gottes Ohr" betitelt. (Hemmerle Klaus: Dein Herz an Gottes Ohr, Freiburg 1987) Eine unglaublich stärkende Zusage des in die Arme nehmenden Gottes!
Für den glaubenden Menschen der Bibel ist Beten eine Selbstverständlichkeit. Gott spielt eine Rolle in seinem Leben. Deshalb bringt er seine Situation, sein Sosein ins Gebet vor Gott. Im zweiten Testament erspüren wir, wie die Menschen etwas von der Wirklichkeit Jesu ahnen und ihn um Hilfe bitten. Er selbst zeigt uns, wie wir beten sollen.
Die biblischen Texte bieten viele Möglichkeiten zum Beten. Dabei wird deutlich, wie die Schüler durch einfache Formen der **Identifikation** hilfreiche Zugänge finden. Wenn sie aus der Sicht eines Betroffenen zu Jesus sprechen, bringen sie sich zwangsläufig selbst zur Sprache. Ihr eigenes Leben bricht durch, sie selbst „kommen vor". Das biblische Geschehen kann durchaus Begleiter über mehrere Tage sein.

Zugänge:

Den biblischen Text in verschiedene Personalformen setzen

Vorbereitung: biblischer Text auf Folie

- Mt 19, 13-15: Jesus segnet die Kinder

  Mütter brachten ihre Kinder zu Jesus, damit er ihnen die Hände auflege. Die Freunde Jesu aber wiesen die Frauen ab und wollten sie nicht zu Jesus lassen. Jesus sah das. Er ärgerte sich über seine Jünger und rief die Kinder zu sich. Dann sagte er: Lasst die Kinder zu mir kommen. Hindert sie nicht daran. Denn Menschen wie ihnen gehört das Reich Gottes. Und Jesus nahm die Kinder in seine Arme. Dann legte er ihnen die Hände auf und segnete sie.

- Den Text auf Folie oder Blatt anbieten!
  Schlüpfe in die Rolle eines Kindes und erzähle aus der Sicht des Kindes!

  Mütter brachten **uns** Kinder zu Jesus, damit er **uns** die Hände auflege. Die Freunde Jesu aber wiesen die Frauen ab und wollten sie nicht zu Jesus lassen. Jesus sah das. Er ärgerte sich über seine Jünger und rief **uns** zu sich. Dann sagte er: Lasst die Kinder zu mir kommen. Hindert sie nicht daran. Denn Menschen wie ihnen gehört das Reich Gottes. Und Jesus nahm **uns** in seine Arme. Dann legte er **uns** die Hände auf und segnete **uns**.

- Du kannst jetzt das Geschehen ins Gespräch mit Jesus bringen. Beginne mit: Jesus, ...

  Jesus, Mütter brachten ihre Kinder zu **dir**, damit **du** ihnen die Hände auflegst. Die Freunde **von dir** (**deine** Freunde) wollten sie nicht zu **dir** lassen ...

- Du kannst auch als betroffenes Kind mit Jesus reden.

  Jesus, **meine** Mutter brachte **mich** zu **dir**, damit **du mir** die Hände auflegst. **Deine** Freunde aber wiesen **meine** Mutter ab und wollten sie nicht zu **dir** lassen. **Du** hast das gesehen.

- Erzähle so, als ob es jetzt geschähe! Erzähle in der Gegenwart!
  Stell dich dabei zum Jesusbild, zur Jesuskerze!

  Jesus, meine Mutter bringt mich zu dir, damit du mir die Hände auflegst. Deine Freunde aber weisen meine Mutter ab. Dann sagst du: Lasst doch den N. N. zu mir kommen, denn ihm gehört das Reich Gottes. Und du nimmst mich in deine Arme. Dann legst du mir die Hände auf und segnest mich.

- Du kannst auch das Geschehen jetzt **weiterschreiben**.
  ... Dann legst du mir die Hände auf und segnest mich.
  Ich ...
  Daraufhin ...

- Lk 19, 1-10: Jesus im Haus des Zöllners Zachäus

  Jesus kam nach Jericho und ging durch die Stadt. Dort wohnte ein Mann namens Zachäus; er war der oberste Zollpächter und war sehr reich. Er wollte gern sehen, wer dieser Jesus sei, doch die Menschenmenge versperrte ihm die Sicht; denn er war klein. Darum lief er voraus und stieg auf einen Maulbeerfeigenbaum, um Jesus zu sehen, der dort vorbeikommen musste. Als Jesus an die Stelle kam, schaute er hinauf und sagte zu ihm: Zachäus, komm schnell herunter! Denn ich muss heute in deinem Haus zu Gast sein. Da stieg er schnell herunter und nahm Jesus freudig bei sich auf. Als die Leute das sahen, empörten sie sich und sagten: Er ist bei einem Sünder eingekehrt. Zachäus aber wandte sich an den Herrn und sagte: Herr, die Hälfte meines Vermögens will ich den Armen geben, und wenn ich von jemand zu viel gefordert habe, gebe ich ihm das Vierfache zurück. Da sagte Jesus zu ihm: Heute ist diesem Haus das Heil geschenkt worden, weil auch dieser Mann ein Sohn Abrahams ist. Denn der Menschensohn ist gekommen, um zu suchen und zu retten, was verloren ist.

- Erzähle als Zachäus!
  Jesus kam nach Jericho und ging durch die Stadt.
  Dort wohnte ich; ich war der oberste Zollpächter ...

- Sprich als Zachäus mit Jesus und setze in die **Gegenwart**!
  Beginne mit! Du, Jesus ...
  Du, Jesus, kommst nach Jericho und gehst durch die Stadt. Dort wohne ich ... Ich will sehen, wer du bist ...

Zu Bildern mit biblischen Szenen beten

Vorbereitung: Bild auf Folie, Stoffe mit verschiedenen Oberflächen (rauh, glatt, weich ...), Bild ohne Hintergrund zum meditativen Malen, Umrissbild

- Bildbegegnung zu Sieger Köder:
  Wer ohne Schuld ist (Joh 8) - Die Ehebrecherin

- Gedanken zum Bild

Das Bild ruft die Erinnerung an einen Buchtitel wach: „Gott, der mich atmen lässt" (Anton Rotzetter: Gott, der mich atmen lässt. Gebete des Lebens. Freiburg 1996).
In Abwandlung dazu spricht der Ausgang der biblischen Erzählung letztlich davon: Jesus, der mich atmen lässt. Im Bild selbst prallen Drohbotschaft der Gegner Jesu und befreiende Frohbotschaft Jesu in der Person der Ehebrecherin hart aufeinander.
Im Hintergrund bilden acht Männer eine Mauer, die keinen Ausweg mehr zulässt. Die Steine der Mauer setzen sich zusammen aus Häme, Zynismus, Selbstgerechtigkeit, Schadenfreude, Hass, Überheblichkeit, Besserwisserei, Wichtigtuerei.
Vor dieser Mauer kniet eine hübsche junge Frau. Sie bildet zugleich den Mittelpunkt des Bildes. Voller Erwartung schaut sie auf zu jemand, der nicht als Gestalt sichtbar ist. Nur seine übergroße Hand schreibt mit dem Finger auf die Erde. Wie oft auf anderen Bildern von Sieger Köder ist von Jesus nur die Hand sichtbar. Dargestellt ist also die Szene von Vers Joh 8, 6 b: „Jesus aber bückte sich und schrieb mit dem Finger auf die Erde". Der Künstler zeigt, was Jesus auf die Erde schreibt: die hebräischen Buchstaben des Wortes „Schalom". Frieden, Heil, Neuanfang, Versöhnung heißt seine Botschaft. Zu ihm hin ist die Seite offen. Keine Mauer versperrt den Weg. Er gibt der jungen Frau mehr als eine weitere Chance, wenn er sagt: Geh hin und such dir einen besseren Weg. Vorher verdeutlicht er der „Mauer", wie doppelzüngig ihre Moral ist: „Wer von euch keine Sünde hat, werfe den ersten Stein!"

- Zugänge

Das Bild bietet eine treffende Möglichkeit, Vertiefung zu gestalten und Verinnerlichung zu erreichen. Dabei geht der Weg von außen nach innen, d.h. letztlich muss der Schüler „ins Bild kommen" und sich mit Personen des biblischen Geschehens identifizieren.

- Wahrnehmen:
  - Das biblische Geschehen ist dir bekannt. Zeige auf, was du entdeckst!

  - Was fällt dir besonders auf? Genau zeigen lassen !

  - Welche Stelle aus der biblischen Erzählung ist dargestellt?

- Welche Stelle aus der biblischen Erzählung ist dargestellt?

- Assoziieren:
  - Schau auf die Männer im Hintergrund!
    Geh von links nach rechts!
    Schau ihnen in die Gesichter!
    Such dir einen aus und lass ihn denken bzw. sprechen!
    Woran erinnert das dichte Beieinanderstehen der Männer?
    (Mauer, Mauer im Fußballspiel)

  - Schau auf die Frau !
    Schau ihr in die Augen und lass diese Augen erzählen!

  - Schau auf die Hand von Jesus! Sie schreibt in hebräischen Buchstaben das Wort „Friede".
    Schreibe du mit dem Finger auf die Bank, was Jesus noch schreiben könnte! (Versöhnung, Heilung, Rettung, Vergebung...)

  - Suche ein Motto für dieses Bild !

- Identifizieren:
  - Du bist jetzt diese Frau.
    Was sagst du zu Jesus, nachdem du gehört hast „Wer von euch ohne Sünde ist, werfe den ersten Stein" und
    „Auch ich verurteile dich nicht"?
    Trage deine Gebetsrufe vor!
    Was spürst du, wenn du das hörst?
    Führe weiter: Das ist wie... (Welche **Musik**? Welcher **Duft**?
    Welcher **Geschmack**?) Welche Stoffe, Oberflächen passen dazu?
    Fühle mit geschlossenen Augen!
    Ausgelegte Stoffe werden befühlt.

  - Schneide die „Mauer" der selbstgerechten Männer weg und gestalte den Hintergrund des Bildes neu mit Farben, Symbolen (z. B. Regenbogen), Worten, die zum Ausdruck bringen, wie Menschen durch die Botschaft Jesu gestärkt werden.

Du führst
mich ins Weite
Du gibst mir Rau
Das Netz ist
zerrissen:
ich bin
frei!
mir fiel
ein Stein
von der
Seele
Gnad
*
über
Gnade

- Bildgestaltung zu Sieger Köder:
  Dein Bruder war tot und lebt wieder (Lk 15) - Der verlorene Sohn

  Das vorliegende Bild ist dem Original von Sieger Köder nachgezeichnet, wobei der Bildteil mit dem älteren Sohn weggelassen ist.

Bevor das Bild gestaltet wird und Anlass zum Beten sein kann, muss das biblische Gleichnis bekannt sein.

- Schreibe in **Farbe** um das Bild,
  was das Gesicht des Sohnes erzählt,
  was die Hände erzählen,
  was das Gesicht des Vaters erzählt.

- Schreibe die Anrufe weiter!
  Gott, du bist wie ein guter Vater.
  Gott, du bist wie eine Sonne.
  Gott, du ....

In die Spur biblischer Personen treten

Vorbereitung: verschiedene Fußspuren

- Es werden verschiedenfarbige Fußspuren aus Papier bereitgelegt, auch verschieden in der Größe.

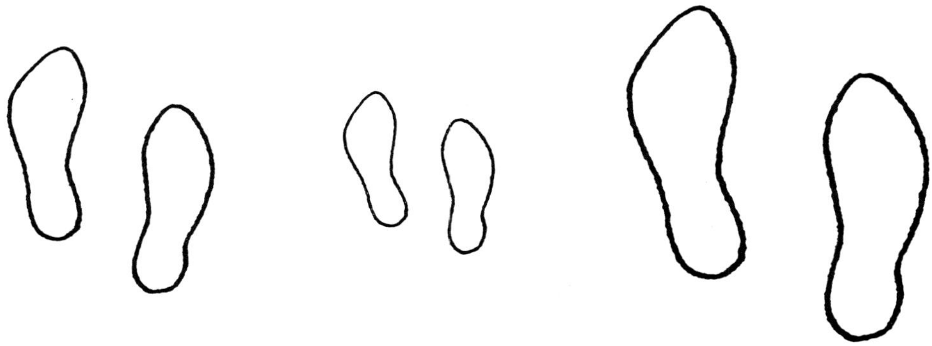

So können die Kinder in die Spur einer biblischen Person treten und aus deren Sicht sprechen und beten.

- Die Lehrkraft gibt den Kindern Impulse zum Sprechen. Diese Impulse gipfeln letztlich immer in einem Gebetsruf an Jesus.

  Du bist Simon von Cyrene.

  Was hast du erlebt?

  Was sagst du von Jesus?

  Was sagst du zu Jesus am Kreuzweg?

  Beginne mit: Jesus, ...

- Zu jeder Frage/jedem Impuls stellen sich Kinder in die betreffende Spur und sprechen ihre Gedanken aus:

- Ich war auf dem Heimweg von der Arbeit. Da haben mich Soldaten gepackt und gesagt, ich soll Jesus helfen ...
- Jesus war ganz schwach ... Er hat schwer tragen müssen ...
- Jesus, ich mag dir helfen, das Kreuz zu tragen.
  Jesus, ich brauche dich auch.
  Jesus, du hast so vielen geholfen. Ich helf dir jetzt, so gut ich kann...

• Du bist jemand, der von Jesus geheilt worden ist. Du trittst vor ihn hin und sagst ihm, wie es dir geht, was dir am Herzen liegt.
  Dabei treten die Kinder in die Spur vor der Jesuskerze und tragen ihre Gedanken vor.

In die Rolle einer biblischen Person schlüpfen

• Den Schülern ist die biblische Erzählung bekannt.

Möglichkeiten zum Beten:

- Du bist **Zachäus**.
  Abends verabschiedest du Jesus an der Haustüre.
  Was sagst du zu ihm?

- Du bist ein Teilnehmer am biblischen Geschehen.
  Es gelingt dir, nahe an Jesus heranzukommen. Endlich hast du es geschafft. Du kannst ihm ins Gesicht schauen und sagst zu ihm ... und du fragst ihn ...

- Du hast jetzt in der Stunde von Jesus und Zachäus gehört. Sag Jesus, was du von ihm erfahren hast.
  Beginne mit: Jesus, du ...
  Jesus, du bist in das Haus des Zachäus gegangen.
  Viele Menschen haben dich nicht verstanden ...

Das Glaubensbekenntnis einer biblischen Person schreiben -
Sein eigenes Glaubensbekenntnis schreiben

Sicher ist dieser Zugang zum Beten sehr anspruchsvoll. Die Schüler begegnen jeweils einer biblischen Person und schreiben anschließend aus der Sicht dieser Person ein Glaubensbekenntnis in einigen Sätzen nieder.
Das kann das Glaubensbekenntnis eines Abraham, eines David, eines von Blindheit oder Aussatz Geheilten, eines Zachäus, einer Maria Magdalena, einer aufgerichteten Frau sein.
Immer, wenn der Weg der Identifikation gegangen wird, bringen die einzelnen Schüler in den Sätzen sich selber zur Sprache.
Alle Schüler führen den Anfang weiter: „Ich glaube an Gott, ..."

Beispiel: Die Glaubenssätze **Abrahams**

Ich glaube an Gott,
der mir in der Nacht begegnet,
der mir Unglaubliches verspricht,
der mich führt, auch wenn ich unsicher bin,
der mit mir unterwegs ist,
zu dem ich gehe, wenn ich mich nicht mehr auskenne,
der mich nicht alleine lässt ...

- So können viele Beiträge zu einem **großen Glaubensbekenntnis** verschmelzen und über Tage Grundlage des Betens in Klasse und Gruppe werden.

- Daraus kann auch bewusst das ganz persönliche Glaubensbekenntnis erwachsen, das jeder Schüler für sich schreibt:
  Ich, Andreas, glaube an Gott,
  der ...

Einen Psalm schreiben in der Rolle einer biblischen Person
(vgl. Albert Höfer: Gottes Wege mit den Menschen, Freising 1993, S. 169 -185)

- Die Schüler erleben eine biblische Person und schreiben aus deren Sicht ein Gebet, das folgendermaßen aufgebaut ist:

Zuerst wird eine Beschreibung der Person gegeben, wie sie auf einem Bild dargestellt ist. (Folienreihe „Jesusbegegnungen" von Anne Seifert) Dazu wird ihre innere Situation, ihr innerer Zustand geschildert. Ein zweiter Teil beginnt mit der Anrede Jesu und mündet in einen Dank oder in eine Bitte.

Beispiel: Ich bin die gekrümmte Frau (Lk 13, 10-17)

Ich stehe neben Jesus. Nur auf einen Stock gestützt kann ich mich einigermaßen aufrecht halten. Alle sehen meinen gewaltigen Buckel, der mich nach unten drückt.
Ich muss mich anstrengen, wenn ich jemandem in die Augen schauen will ...
Ich möchte aufrecht gehen können. Es ist auch schlimm, so hässlich zu sein ...
***Du, Jesus,** bist in meiner Nähe, obwohl ich abgeschoben bin. Du legst deine Hand in meine Hand. Wann hab ich das schon erlebt ...*
***Guter Jesus**, es tut gut zu spüren, wie du mit meinen Verkrümmungen umgehst. Ich bin dir dankbar, dass du nicht darüber redest, sondern heilst ...*

Sein Jesusbild suchen

Hinweise:

Vor Jahren gab es immer noch auf den Rätselseiten der Zeitungen schwarzweiß gezeichnete Bilder, die irgendeine Alltagssituation darstellten z. B. Apfelpflücken oder Spielen. Die Frage unter dem Bild lautete meistens: Wo hat sich der Bub/das Mädchen versteckt? Bei genauem Hinsehen konnte man dann deren Gesicht oder deren Figur in der Vielzahl von Strichen und Linien entdecken.
Das vorliegende Bild ist etwas Ähnliches. Es ist die Aufnahme eines chinesischen Fotografen, der schmelzenden Schnee, durch den schwarze Er-

de schimmert, fotografierte. Beim Entwickeln des Films entdeckte er das Antlitz Christi.
Die Schüler erhalten dieses Bild und sollen versuchen, das Christusbild zu entdecken.

Vorbereitung: das Bild von Jesus für jeden Schüler

Febr 1997, Anzeiger für die Seelsorge, Verlag Herder.

Zugänge:

- Es mag für uns schwierig sein, unser persönliches Bild von Jesus zu finden. Dabei ist er mitten unter uns. Sein Gesicht verbirgt sich hinter vielen Gesichtern.

- Das Bild erhält jeder Schüler.
  Versuche das Gesicht Jesu zu erkennen!
  Lass dir Zeit! Vielleicht entdeckst du es heute noch gar nicht!

Jesu Gesicht schaut dich an. Du selbst kannst sein ganzes Gesicht sehen.

- Wenn du sein Gesicht entdeckt hast, wirst du es immer wieder finden. Es ist dann nicht mehr zu übersehen.
  Färbe die neben dem Gesicht liegenden weißen Felder, damit Jesu Gesicht noch deutlicher wird für dich.

- Sag ihm, wie es war, ihn suchen zu müssen:

  Jesus, ich habe dein Gesicht ganz woanders gesucht. Ich habe überhaupt nicht gedacht, dass du so groß dargestellt bist. Jetzt schaust du mich an, in aller Güte, als würdest du zu mir sagen: Ich bin doch da! ...

- Gib dem Bild einen **Titel**!
  Verborgener Jesus
  Jesus, schwer zu finden!
  ....

Sich seinem Gottesbild stellen

Hinweise:

Einstiegsmethode, um über biblische Gottesbilder und eigene Gottesvorstellungen ins Gespräch zu kommen

Vorbereitung: Plakate mit Schriftstellen

Zugänge:

- Textstellen aus der Bibel, die eine ganz bestimmte Gottesvorstellung ausdrücken.

- Plakate im Raum verteilt aufhängen.
- Teilnehmer gehen durch den Raum, lesen die Zitate und lassen sie auf sich wirken.
- Einen Standort finden:
  d. h. Sie stellen sich zu den Texten, die ihnen im Moment entsprechen:
  vielleicht vor ein Plakat, mit dessen Aussage sie übereinstimmen
  oder
  wo sie Anfragen haben,
  vielleicht zwischen zwei Plakate, deren Spannung ihnen im Moment zusagt.
  Vielleicht weit entfernt von einem Plakat, das sie provoziert.
- Sich austauschen:
  Alle Teilnehmer, die sich vor einzelnen Plakaten zusammenfinden, tauschen sich aus über die Gründe, warum sie gerade hier stehen.
  Einzeln Stehende können sich auch in Kleingruppen zusammenfinden.
- Plenum: Austausch über die Erfahrungen und Eindrücke.

Da antwortete Gott dem Mose: Ich bin der „Ich - bin - da". Und er fuhr fort: So sollst du zu den Israeliten sagen: Der „Ich - bin - da" hat mich zu euch gesandt. *Ex 3, 14*	Da zog der Herr vorüber: Ein starker heftiger Sturm, der die Berge zerriss, ging dem Herrn voraus. Doch der Herr war nicht im Sturm. Nach dem Sturm kam ein Erdbeben. Doch der Herr war nicht im Erdbeben. Nach dem Beben kam ein Feuer. Doch der Herr war nicht im Feuer. Nach dem Feuer kam ein sanftes, leises Säuseln. Als Elija es hörte, hüllte er sein Gesicht in den Mantel, er trat hinaus und stellte sich an den Eingang der Höhle. *1 Kön 19, 11-13*

Du, Herr, lässt meine Leuchte erstrahlen, mein Gott macht meine Finsternis hell.
Ps 18, 29

Mit dir erstürme ich Wälle, mit meinem Gott überspringe ich Mauern.
Ps 18, 30

Gott macht mein Herz verzagt, der Allmächtige versetzt mich in Schrecken.
Ijob 23, 15

Seid also wachsam! Denn ihr wisst nicht, wann der Hausherr kommt, ob am Abend oder um Mitternacht, ob beim Hahnenschrei oder erst am Morgen. Er soll euch, wenn er plötzlich kommt, nicht schlafend antreffen.
Mk 13, 35-37

„Sollte Gott seinen Auserwählten, die Tag und Nacht schreien, nicht zu ihrem Recht verhelfen, sondern zögern?
Ich sage euch: Er wird ihnen unverzüglich ihr Recht verschaffen."
Lk 18,7

„So sollt ihr beten:
Unser Vater im Himmel,
dein Name werde geheiligt."
Mt 6, 9

5. Beten mit vorgegebenen Texten

Einem Text nachgehen und ihn verinnerlichen

Hinweise:

Es kommt darauf an, dass die Schüler bewusst mit dem Text umgehen. Im Umgang mit dem Text kommen nicht nur die Gedanken des Beters zum Tragen, sondern auch die persönlichen Empfindungen.

Vorbereitung: *Folie mit Lied, Liedblatt mit Satzanfängen „Schenke du mir ..." und „Gib mir ...", Button oder Aufkleber*

Lied: Beginne du all meine Tage

1. Zwischen meinen Fingern rinnt die Zeit dahin,
   und ich spüre, dass ich voller Unrast bin.
   Schenke du mir Ruhe in der großen Hast,
   deine tiefe Stille sei meinem Herzen Rast!

2. Viele Menschen eilen ruhelos umher,
   sehen keinen Andern, und ihr Blick ist leer.
   Gib mir deine Liebe, dass ich alle Zeit
   für die Not der Menschen im Herzen bin bereit!

3. Jeder Tag ist Anfang, jeder Tag ist Ziel.
   „Heute" heißt das Leben, das ich leben will. „Gestern" ist vorüber, jeder Tag ist neu,
   und ich gehe mutig, denn du, o Gott, bist treu.

Text und Musik: Martin Schraufstetter
Schlegelstr. 4, 81369 München

Zugänge:

- Einstimmung/Vorbereitung:
  Ein neues Jahr, ein neuer Tag, eine neue Stunde beginnt ...
  Wir alle stehen vor verschiedenen Situationen, Aufgaben

- Einer betet/singt dann so: Lied (vor-)singen
  Das Lied wird dabei auf Folie aufgeblendet. Jeder Schüler liest für sich den ganzen Text.

- Refrain wiederholen
  Wer spricht so?
  .... ein Kind, das die Nähe der Mutter herbeisehnt
  .... einer, der verliebt ist
  .... einer, der dem andern viel zutraut

- Ersetze das Wort **Du** mit einer **anderen Anrede!**
  .... Vater, guter Gott, lieber Gott, mein ...

- Was der Betende von Gott erwartet! *1. Strophe*
  Wenn ich dich verlasse, ...

- Was der Betende spürt! *2. und 3. Strophe*
  ..... zwischen meinen Fingern rinnt die Zeit dahin ...
  ..... viele Menschen eilen ruhelos umher ....

- Worum er jeweils bittet! *2. und 3. Strophe*
  Schenke du mir Ruhe ....
  Gib mir deine Liebe ....

- Schüler erhalten **Liedblatt**, auf dem sie im unteren Teil den Satzanfang für sich persönlich weiterführen:
  Schenke du mir .....
  Gib mir .....

- Der Refrain wird von allen gesungen, die Strophe wird gesummt, wobei die Schüler aufgefordert werden, ihre Gedanken, ihre Bitten schweigend einzubringen.

- Die letzte Zeile der 4. Strophe wird von Schülern wiederholt gesprochen: „Und ich gehe mutig, denn Du, o Gott, bist treu."

- Die Schüler können ein **Button** oder einen **Aufkleber** gestalten mit dem letzten Gedanken „... und ich gehe mutig, denn du, o Gott, bist treu."

„... und ich
gehe mutig,
denn du, o Gott,
bist treu.

Ich gehe mutig,
denn du, o Gott,
bist treu.

- Der letzte Satz oder der Refrain können auch in ein **Gebetsheft** bzw. **Leporello** (S. 13) eingetragen werden.

- Eine weitere Möglichkeit:
  Jeder Schüler kann eine Sinnzeile **kalligraphisch** gestalten. So entsteht ein Gebet, in dem sich alle Schüler der Klasse wiederfinden.
  Das Gebet wird gemeinsam gesprochen, wobei jeder Schüler den Gedanken, den er gewählt hat, wiederholt.

Mit Segenswünschen in den Tag gehen

Hinweise:

Gute Wünsche begleiten unser Leben. Das ist gut so. Denn wir wissen nur allzu gut, dass wir längst nicht allein unseres Glückes Schmied sind, sondern den Segen von oben, Gottes Segen brauchen.

Vorbereitung: *Segenswünsche sind jeweils mehrfach kopiert auf Karten in Größe DIN A 6.*

Zugänge:

- Einstimmung:
  Wer unterwegs ist, und wir alle sind unterwegs, braucht Segen;
  d. h. jeder soll von Gott begleitet sein.
  Heute, am letzten Schultag vor den Ferien ...
  Heute am Anfang eines Schuljahres ...

- Die einzelnen Segenswünsche sind mehrfach kopiert in verschiedenen Farben.

- Jeder Schüler sucht oder zieht für sich einen Segenswunsch. Er kann ihn auch seinem Banknachbarn schenken.
  Die Segenswünsche werden auf Blättern in DIN A6 - Größe geschrieben. Es ist selbstverständlich, dass sie in jeweils gekürzter Form ebenfalls angeboten werden können.

- Es ist möglich, nur einzelne Sätze aus den Segenswünschen zu wählen.
  z. B.

  Ich wünsche dir Zeit, Zeit für dein Tun.

  Ich wünsche dir Zeit, Zeit nicht zum Hasten.

  Ich wünsche dir Augen,
  Augen die die kleinen Dinge des Alltags
  wahrnehmen und ins rechte Licht rücken.

- Auswahl von Segenswünschen:
  (Quelle unbekannt)

Ich wünsche Dir, was die meisten nicht haben:
Ich wünsche Dir Zeit, Dich zu freuen und zu lachen,
und wenn Du sie nützt, kannst Du etwas draus machen.
Ich wünsche Dir Zeit, nicht zum Hasten und Rennen,
sondern die Zeit zum Zufriedenseinkönnen.

Ich wünsche dir **Augen**,
die die kleinen Dinge des Alltags
wahrnehmen und ins rechte Licht rücken,
ich wünsche dir **Ohren**,
die die Schwingungen und Untertöne
im Gespräch mit anderen aufnehmen,
ich wünsche dir **Hände**, die nicht lange überlegen,
ob sie helfen und gut sein sollen,
ich wünsche dir zur rechten Zeit
das richtige **Wort**,
ich wünsche dir ein liebendes **Herz**.

Ich wünsche Dir Freude, Liebe, Glück,
Zuversicht, Gelassenheit.
Ich wünsche Dir Güte - Eigenschaften,
die Dich das werden lassen,
was in Dir angelegt ist,
jeden Tag ein wenig mehr,
denn Wachstum braucht Frieden.
Ich wünsche Dir genügend Erholung und Schlaf,
Arbeit, die Freude macht,
Menschen, die Dich mögen und bejahen
und Dir Mut machen,
aber auch Menschen, die Dir Vorbild sein können,
die Dir weiterhelfen, wenn Du traurig bist
und müde und erschöpft.

Ich wünsche Dir Zeit, nach den Sternen zu greifen,
und Zeit, um zu wachsen, das heißt, um zu reifen.
Ich wünsche Dir Zeit, zu Dir selber zu finden,
jeden Tag, jede Stunde als Glück zu empfinden.
Ich wünsche dir Zeit, auch um Schuld zu vergeben.
Ich wünsche dir Zeit: Zeit zu haben zum Leben.

Deine Hände sollen immer Arbeit finden.
Das Sonnenlicht soll
auf dein Fenstersims scheinen
und dein Herz voll Gewißheit sein,
daß nach jedem Unwetter
ein Regenbogen leuchtet.
Der Tag sei dir günstig
und die Nacht dir gnädig.
Die gute Hand eines Freundes
soll dich immer halten.
Und möge Gott dir das Herz erfüllen
mit Frohsinn und Freude.

Ich wünsche Dir Zeit, nicht nur so zum Vertreiben.
Ich wünsche, sie möge Dir übrigbleiben
als Zeit für das Staunen und Zeit für Vertraun,
anstatt nach der Zeit auf der Uhr zu schaun.

Alle Engel des Himmels
mögen dich umgeben mit ihrem Glanz.
Sie mögen dir deine Last tragen helfen,
deine Schmerzen abklingen
und deine Wunden heilen lassen,
deine Schuld vergeben
und deine Angst auflösen in Freude,
dass alles in dir wieder heil wird
und leicht.

- Lies dir den Wunsch durch!
  Was wird dir gewünscht?

- Unterstreiche den Gedanken, der besonders auf dich zutrifft!
  Lies ihn für dich ein paarmal hintereinander!

- Wie kommt dieser Segenswunsch bei dir an?

- Bei den Wünschen, in denen Gott nicht genannt ist, füge an:
  Und Gott möge dir ...

Mit Bewegung und Gestik dem Gebet Ausdruck geben

Hinweise:

Aus der Liturgie ist uns wohl vertraut, dass die Gedanken des Beters noch mehr verdeutlicht werden durch Gesten.
Was vom Körper her unterstützt wird, setzt nachhaltig Anker in der eigenen Person. So ist es gerade bei diesem Weg hilfreich, einen Gedanken neben dem sprachlichen Ausdruck auch in einer Geste lebendig werden zu lassen.

Vorbereitung: für jeden Schüler ein Blatt mit dem Gebetstext

Zugänge:

- Der Anfang einer neuen Woche, eines Schuljahres, eines Lebensabschnittes, einer neuen Aufgabe wird leichter, wenn wir mit Zuverischt an das Neue herangehen. Überlege für dich:
  Ich kann zuversichtlich sein, wenn ich Freunde habe.
  Ich kann zuversichtlich sein, wenn Vater/Mutter zu mir halten und mir beistehen.
  Ich kann zuversichtlich sein, wenn ich aufmunternde Worte höre.
  Ich kann zuversichtlich sein, wenn liebe Menschen mich begleiten.
  Ich kann zuversichtlich sein, wenn ... (weiterführen lassen!)

- Die eigenen Gedanken werden zum Gebet, wenn einer die Zusage Gottes spürt: Ich bin bei dir. Ich unterstütze dich. Ich bin für dich da. Ich bin in deiner Nähe.

- *für ältere Schüler:*

Gott (Jahwe) sagt:

In das Dunkel Deiner Vergangenheit
und in das Ungewisse Deiner Zukunft
lege ich meine Zusage: ICH BIN FÜR DICH DA.
In den Segen Deines Helfens
und in das Elend Deiner Ohnmacht
lege ich meine Zusage: ICH BIN FÜR DICH DA.

In das Spiel Deiner Gefühle
und in den Ernst Deiner Gedanken
lege ich meine Zusage: ICH BIN FÜR DICH DA.
In den Reichtum Deines Schweigens
und in die Armut Deiner Sprache
lege ich meine Zusage: ICH BIN FÜR DICH DA.

In die Fülle Deiner Aufgaben
und in die Leere Deiner Geschäftigkeit
lege ich meine Zusage: ICH BIN FÜR DICH DA.
In die Vielzahl Deiner Fähigkeiten
und in die Grenzen Deiner Begabung
lege ich meine Zusage: ICH BIN FÜR DICH DA.

In das Gelingen Deiner Gespräche
und in die Langeweile Deines Betens
lege ich meine Zusage: ICH BIN FÜR DICH DA.
In die Freude Deines Erfolges
und in den Schmerz Deines Versagens
lege ich meine Zusage: ICH BIN FÜR DICH DA.

In die Enge Deines Alltags
und in die Weite Deiner Träume
lege ich meine Zusage: ICH BIN FÜR DICH DA.
In die Schwäche Deines Verstandes
und in die Kräfte Deines Herzens
lege ich meine Zusage: ICH BIN FÜR DICH DA.

(Verfasser unbekannt)

für jüngere Schüler :

Gott (Jahwe) sagt:

Auch wenn manches
danebengegangen ist,
auch wenn du nicht weißt
was auf dich zukommt,
ich verspreche dir: ICH BIN BEI DIR.

Wenn du dir ganz hilflos vorkommst,
ich verspreche dir: ICH BIN BEI DIR.

Wenn du viel zu tun hast,
und wenn du nicht viel zustande bringst,
ich verspreche dir: ICH BIN BEI DIR.

Wenn du Schönes erlebst,
ich verspreche dir: ICH BIN BEI DIR.

Wenn du dich über deine Erfolge freust,
und wenn du traurig bist über dein Versagen,
ich verspreche dir: ICH BIN BEI DIR.

- Das Gebet wird vorgelesen bzw.
  Jeder Schüler erhält auf einem Blatt dieses Gebet.
  Reihum liest jeder einen Gedanken.

- Such dir jetzt einen Gedanken, der dich besonders anspricht!
  Überlege eine **Geste**, die diesen Gebetsruf unterstützt!
  Sprich ihn ein paarmal und sage ihn auswendig.
  Es ist gut, wenn du dabei **herumgehst**.

- Dann sammeln sich die Schüler wenn möglich im Kreis.
  Geh in die Mitte, sprich deinen Satz und zeige deine Geste dazu!

- Alle Schüler wiederholen anschließend Satz und **Geste**!

- Lass dir diesen Satz von Gott her zusagen und setze deinen Vornamen voran!
  z. B. Mirjam, in die Vielzahl deiner Fähigkeiten lege ich meine Zusage: Ich bin für dich da.

- Es kann sinnvoll sein, einzelne Strophen je nach Klasse und Gruppe auszuwählen.

Ein Gebet kalligraphisch gestalten

Hinweise:

„ ... unter dem Gesichtspunkt des Verweilens und der Körperlichkeit gilt es, den gestalterischen Aspekt für die Schule wiederzugewinnen. Im Schreiben können die Schüler etwas 'tun' und müssen nicht zuhören und reden. Gelingt es, dass die Schüler in einer Religionsstunde einen Text in Stille schön schreiben und dabei beim Gehalt der Worte verweilen, haben sie mehr von Meditation verstanden, als wenn in einer Unterrichtseinheit über Stunden hinweg das 'Thema' Meditation 'besprochen' wird."
(Hans Schmid: Die Kunst des Unterrichtens, München 1997, S. 55)
Das überlegte und gestaltende Schreiben eines Gebetes oder eines Gedankens ruft in den Schülern neues Bewusstsein und ein neues Empfinden wach; es wird ein neuer „Anker" für dieses Gebet gesetzt.

Vorbereitung: *Papierstreifen in der Breite von 5 bis 10 Zentimetern und in der Länge von etwa 40 Zentimetern, Wachsmalstifte oder breite Faserstifte; evtl. Plakat für Gebetsstreifen, Diarähmchen mit Glas oder Planpapier*

Zugänge:

- Aus dem voranstehenden Gebet „Gott (Jahwe) sagt" hat sich jeder Teilnehmer einen persönlichen Gedanken gewählt.

- Es werden 5 bis 10 cm breite und etwa 40 cm lange Papierstreifen ausgeteilt. Schreibe darauf den Hauptgedanken: z. B. Thomas, ich bin bei dir!
  Gestalte ihn in **Farbe** und **Schriftform** so, dass deine Empfindungen, deine Wertschätzung, deine Zuversicht zum Ausdruck kommen.
  Natürlich kann auch der ganze Sinnsatz aus dem Gebet übernommen werden, z. B. Maria, in die Vielzahl deiner Aufgaben lege ich meine Zusage: Ich bin bei dir.

- Selbstverständlich kann auch eine **Karte** gestaltet werden.

- Die einzelnen Streifen werden als ein großer Gebetsruf untereinander auf ein **Plakat** geklebt und in die Nähe des Kreuzes bzw. an eine Wand des Klassenzimmers gehängt.
  Sie können auch in Sternform um die Jesuskerze gelegt werden.

6. Klasse

weitere Möglichkeit:

- Es werden für jeden Schüler **Diarähmchen** mit Glas oder mit Planpapier vorbereitet.
  Mit Stiften werden Motive auf die Gläser oder auf das Planpapier der Diarähmchen gezeichnet, die zu den ausgewählten Gebetsrufen passen.

- Zum Abschluss werden die Dias nacheinander vorgezeigt, wobei die Schüler beim Aufleuchten ihres Dias jeweils den von ihnen ausgesuchten Gedanken noch einmal in die Klasse hinein sprechen.

- Schließe die Augen und werde ruhig!
  Lass deinen Atem kommen und gehen!
  Atme dann bewusst ein und aus!
  Sprich beim **Atmen** immer wieder diesen Satz vor dich hin: beim **Einatmen** deinen Vornamen, beim **Ausatmen** jeweils die Zusage Gottes „Ich bin bei dir!" „Ich bin für dich da!"

Leibhaft beten

Hinweis:

Wir sagen „gelähmt sein, blind sein, besessen sein, taub sein, stumm sein" und beschreiben damit auch unsere psychische Verfassung.

Zugänge:

Beispiel: **gelähmt** sein

Gehe schweigend im Raum, im Klassenzimmer umher, nach deiner Art, nach deiner ganz persönlichen Verfassung!
Wenn du jemandem begegnest, kannst du lächeln, vielleicht auch stehenbleiben ...
Du kannst auch lieber wegschauen und weitergehen.
Da stellt sich etwas in den Weg, etwas Unvorhergesehenes, etwas Schreckliches. Du bist gezwungen stehenzubleiben, **wo** und **wie** du bist.
Du bist gelähmt. Du kannst nicht mehr weiter.
Du bist gebunden, gefesselt an deinen Körper. Deine Muskeln arbeiten nicht mehr. Du kannst nichts dagegen tun.
Du kannst nicht mehr du selbst sein. Du bist nicht mehr Herr über dich.
Du kannst dich nicht mehr bewegen. Du kannst nicht aus dir herausgehen.
Du bist ein einsamer Mensch, ausgeschlossen aus dem Kreis der anderen.
Gelähmt bist du, gelähmt.
Und deine Augen, das einzig Ungebundene an dir, suchen den, von dem du glauben kannst, dass er deine Fesseln löst.

Jesus, löse unsere Fesseln!

Du sprichst nach jedem Gedanken für dich:
Jesus, zerreiss meine Fesseln! Heile meine Lähmung!

Du willst auf andere zugehen und kannst es nicht!

Du möchtest jemanden in die Arme nehmen und traust dich nicht!

Du bist ohnmächtig zu helfen!

Du kannst dir nicht helfen!

Du spürst, wie hilflos du bist!

Du kannst nicht mehr streicheln!

Du willst wieder mit anderen mitgehen und kannst es nicht!

Du willst dich wieder aufrichten und schaffst es nicht!

Du spürst, wie bewegungslos du bist!

Du bist wie gefesselt!

Du bist auf die Hilfe anderer angewiesen!

Du bist nicht mehr Herr über dich!

Du kannst keinen Schritt mehr weiter!

Du kannst nichts gegen deine Lähmung tun!

Du kannst nicht mit andern spielen!

Du willst laufen und kannst nicht einmal gehen!

Du brauchst wie ein kleines Kind Hilfe!

Du kannst deine Not nicht ändern!

Er heilt unsere Lähmungen.

Aus Gebeten eine persönliche Auswahl treffen und gestalten

Hinweise:

Junge Menschen brauchen immer wieder Beispiele ansprechender Gebete; Gebete, die zum persönlichen Gedankengut werden, die sich bei Kindern und Jugendlichen verinnerlichen. Solche vorformulierten Gebete gehören zu einem notwendigen, immer weiter wachsenden Gebetsschatz. In wichtigen Situationen des Lebens kann dies entlastend wirken, vor allem dann, wenn persönliche Worte nur schwer gefunden werden.
Über diese Gebete hinaus, die Verbindlichkeitscharakter für alle haben, kann es hilfreich sein, Schülern Wege zu frei formulierten Gebeten aufzuzeigen. Damit kann es gelingen, seine ganz persönliche Verfassung zum Ausdruck zu bringen.
Eine solche Möglichkeit soll ihnen angeboten werden durch die Auswahl aus Gebeten. Aktuelle religiöse Lieder, Gebete und Texte bieten eine Vielzahl von kindnahen Angeboten.

Vorbereitung: in „Blumen" geschriebene Gebetstexte für jeden Schüler

Zugänge:

Die Schüler erhalten im Kuvert oder gebündelt verschiedene Gebetstexte, die in Blütenböden von stilisierten Blumen geschrieben sind.

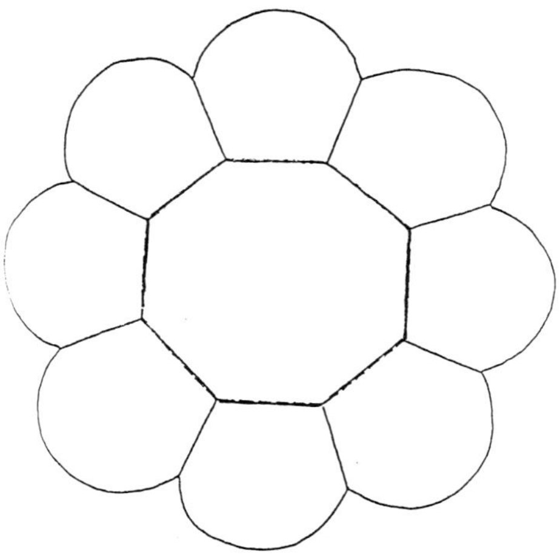

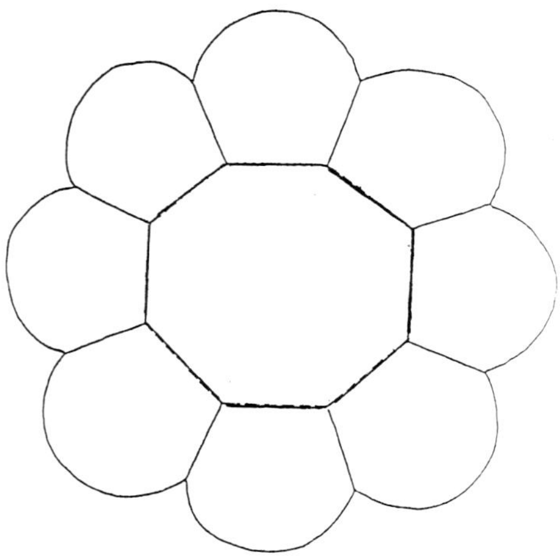

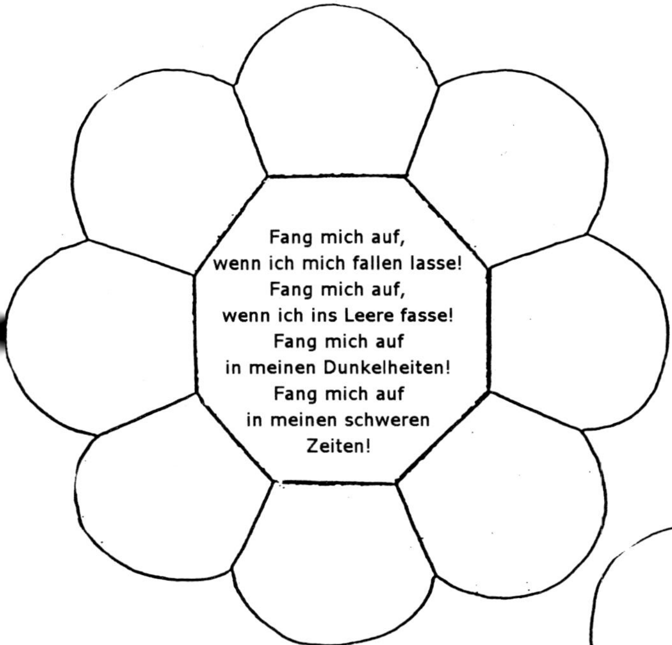
Fang mich auf,
wenn ich mich fallen lasse!
Fang mich auf,
wenn ich ins Leere fasse!
Fang mich auf
in meinen Dunkelheiten!
Fang mich auf
in meinen schweren
Zeiten!

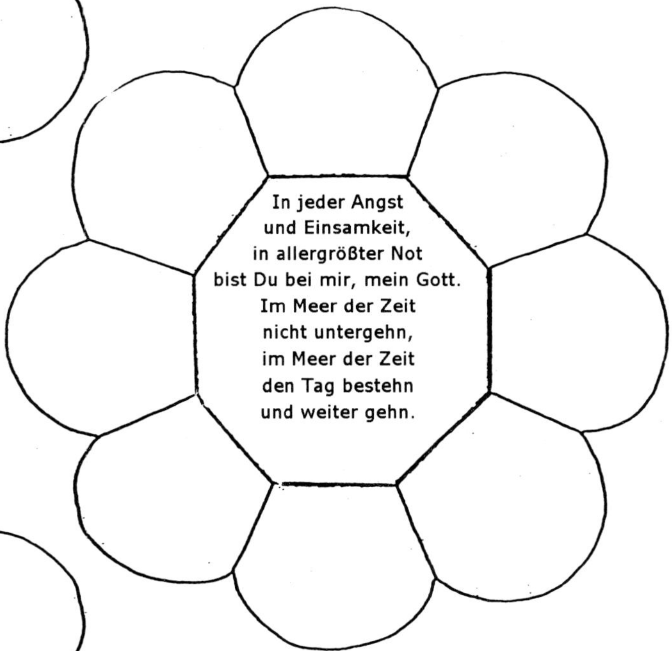
In jeder Angst
und Einsamkeit,
in allergrößter Not
bist Du bei mir, mein Gott.
Im Meer der Zeit
nicht untergehn,
im Meer der Zeit
den Tag bestehn
und weiter gehn.

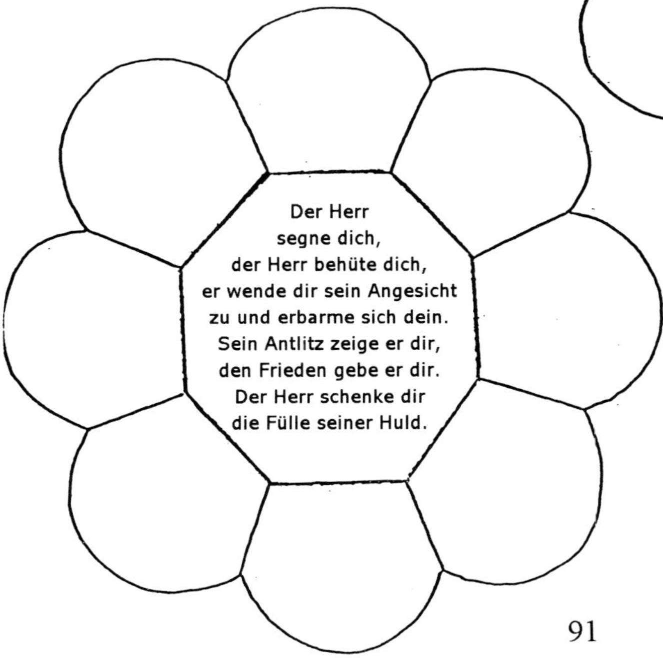
Der Herr
segne dich,
der Herr behüte dich,
er wende dir sein Angesicht
zu und erbarme sich dein.
Sein Antlitz zeige er dir,
den Frieden gebe er dir.
Der Herr schenke dir
die Fülle seiner Huld.

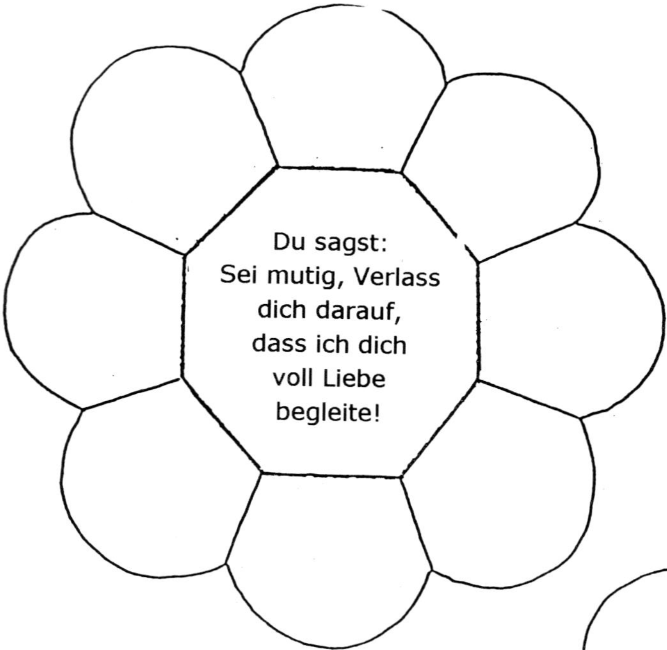
Du sagst:
Sei mutig, Verlass
dich darauf,
dass ich dich
voll Liebe
begleite!

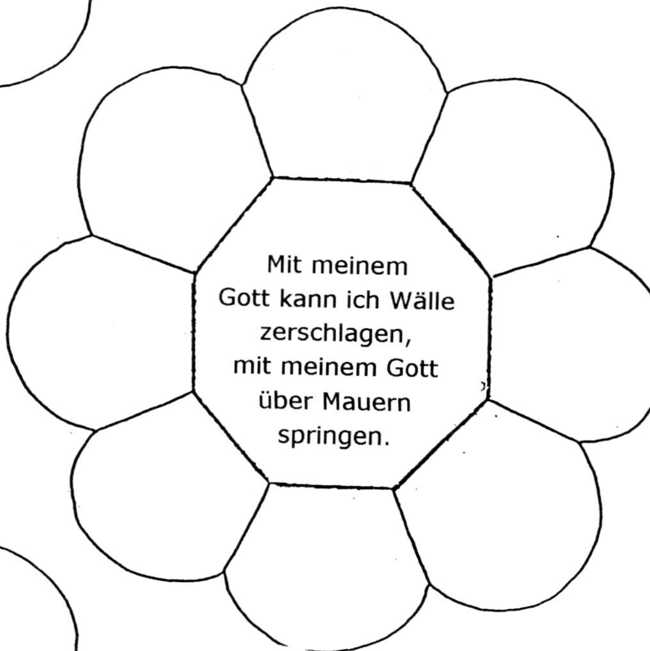
Mit meinem
Gott kann ich Wälle
zerschlagen,
mit meinem Gott
über Mauern
springen.

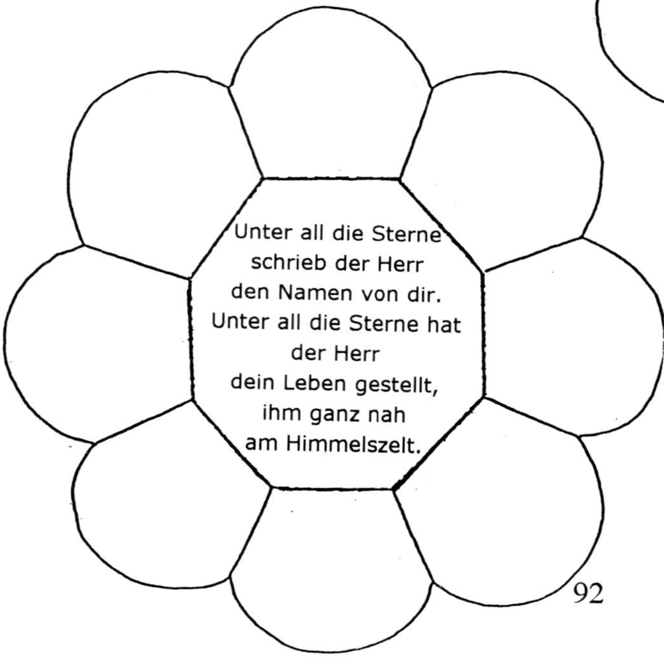
Unter all die Sterne
schrieb der Herr
den Namen von dir.
Unter all die Sterne hat
der Herr
dein Leben gestellt,
ihm ganz nah
am Himmelszelt.

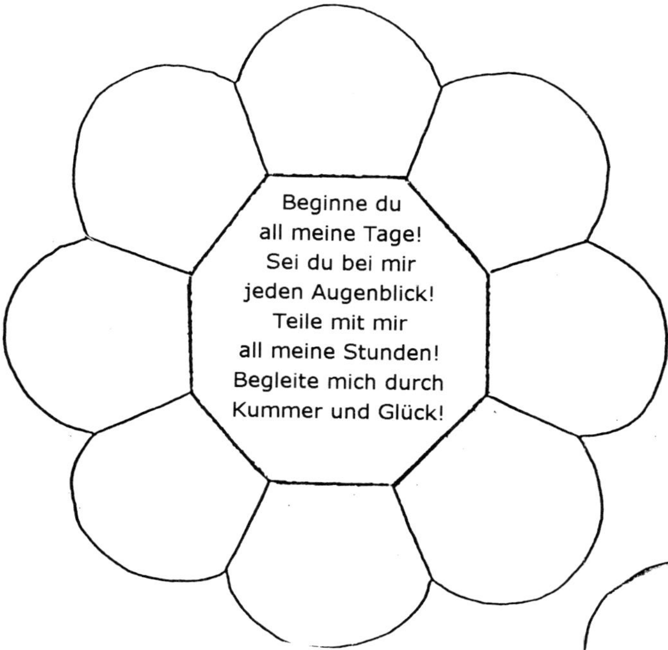
Beginne du
all meine Tage!
Sei du bei mir
jeden Augenblick!
Teile mit mir
all meine Stunden!
Begleite mich durch
Kummer und Glück!

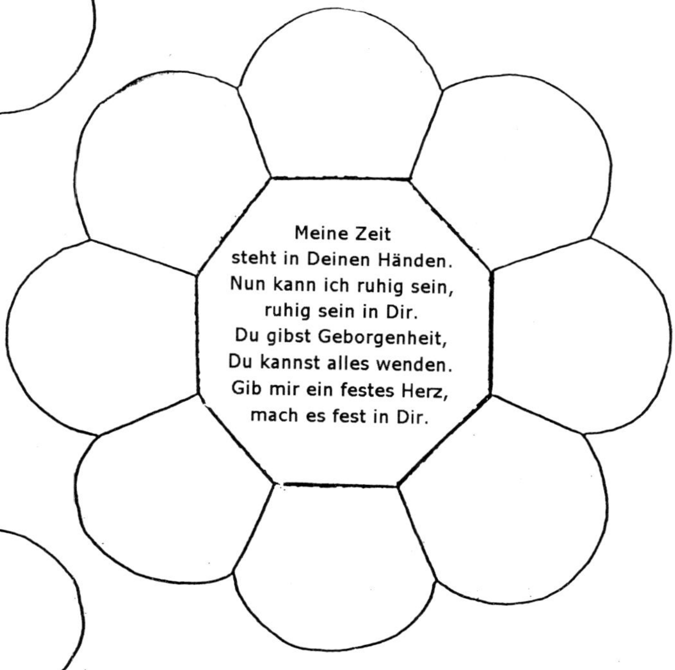
Meine Zeit
steht in Deinen Händen.
Nun kann ich ruhig sein,
ruhig sein in Dir.
Du gibst Geborgenheit,
Du kannst alles wenden.
Gib mir ein festes Herz,
mach es fest in Dir.

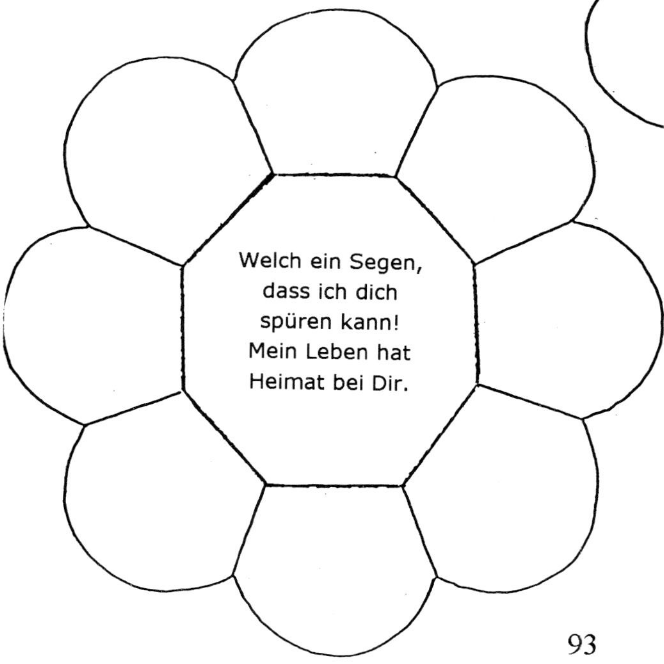
Welch ein Segen,
dass ich dich
spüren kann!
Mein Leben hat
Heimat bei Dir.

Je nach Alter der Teilnehmer müssen die Texte jeweils verkürzt und in der Anzahl beschränkt werden.

- Menschen haben in bestimmten persönlichen Situationen Gebete gesprochen und aufgeschrieben.
  Lies die Texte in den **Blumen** der Reihe nach durch und lege sie dann nebeneinander auf den Platz vor dir!

- Wähle für dich den Text, der dich am meisten trifft! Die anderen lege beiseite!

- Höre in diesen Gedanken, in dieses Gebet hinein. Was wird zu dir gesprochen?

- Warum hast du dir gerade dieses Gebet gewählt?
  Wie passt es zu deiner derzeitigen Situation?

- Was hörst du aus dem Gebet heraus?
  Schreibe es in die Blütenblätter, z. B. Ich bin gut aufgehoben; Geborgenheit, Ruhe, Gelassenheit, nahe bei Gott

- Sprich für dich diesen Gedanken als Gebet!

- Schreibe das Gebet in einem Blütenblatt um einen Satz weiter!

- Du kannst die Blume auch farbig gestalten!

- Drücke dein gewähltes Gebet an dein Herz und sprich es ein paarmal mit geschlossenen Augen!

- Schneide die Blume aus und klebe sie mit dem Blütenboden ins Heft, auf ein Blatt!

Heidi, 6. Klasse

- Alle Blüten können auch auf ein großes **Plakat** geklebt werden als Blickfang für die Klasse und als Gebetsinhalt für die folgenden Tage.

- Die Blütenblätter können nach innen gebogen werden und den Text zudecken.
  Wenn sie so geschlossen ins Wasser gelegt werden, öffnen sie nach einiger Zeit von selbst die Blüten, ein überraschender Vorgang für die Kinder, gleichzeitig Bild dafür, wie sich im Beten unser Inneres auftut, wie sich im Beten unsere Seele öffnet.

weitere Möglichkeiten:

- Die einzelnen Gedanken werden auf Folie geschrieben und gezeigt.
  Nach der getroffenen Auswahl wird das Gebet in Mappe oder Heft übertragen.

- Alle Schüler erhalten das gleiche in die Blume geschriebene Gebet. Sie lesen es ein paarmal für sich und tragen es dann laut vor.
  Führe weiter:
  Wer so betet, der ...
  Wenn jemand so betet, dann ...
  Warum betet jemand so?
  Lass den Beter von sich erzählen!

- Die Schüler können die einzelnen Gebete nebeneinander legen und anschließend die **Reihenfolge** der Gebete festlegen, je nachdem wie sie persönlich von einem Gedanken angesprochen werden. Das ihnen wichtigste Gebet liegt zuletzt obenauf.

Gedanken zu vorgegebenen Gebeten

Vorbereitung: *Gebetstexte auf Folie; Karten, auf denen der Gebetstext gestaltet wird*

Einige Anregungen:

- *Vater unser*

  Heute am ..... ist es gut, wenn wir wieder einmal das Gebet nachsprechen, das Jesus uns gelehrt hat.
  Ich spreche jeden einzelnen Aufruf vor, und du sprichst ihn jeweils nach!
  Welcher Gedanke in diesem Gebet ist dir nur schwer verständlich?

- *Schülergebete*

  In dieser Stunde stellen sich Tausende von Schülern vor Gott und bringen das, was sie beschäftigt, zur Sprache. Einer betet so:
  Folie wird zum Teil aufgedeckt.

Guten Morgen, lieber Gott!
Es ist gut,
daran zu denken,
was wohl heute alles auf mich zukommt.

Nimm auf, was auf dich heute alles zukommt in der Schule, im Bus, am Nachmittag, im Verein ...

Es ist dann gut zu fragen:
Hilfst du mir heute, guter Gott,
wenn es nicht geht?
Denn ...

Führe den angefangenen Satz selbst weiter! ...

- Folgendes Gebet, das auch auf Folie angeboten werden kann, will die Schüler zu eigenen Gedanken anhalten.

Etwas stinkt mir echt:
dass ich immer nur an Gott denke,
wenn es mir schlecht geht.

Wenn es mir gut geht,
dann lauf ich so durch den Tag.
Dann denk ich gar nicht nach.

Und wenn ich liege und nicht mehr kann,
dann erst denk ich an Gott.
„Gott, du bist doch mein Freund?"
frag ich dann.

Wenn *ich* so einen Freund hätte,
der sich nur meldet, wenn es ihm schlecht geht,
dann wär ich sauer.

Lass uns noch einmal von vorne anfangen:
Gott, mein Freund!

Etwas stinkt mir echt! Was uns alles stinkt! ...
Einem gleichaltrigen Schüler stinkt ganz besonders, dass ...

Weiterführendes Gespräch!

(Folie weiter aufdecken!)

Wenn *ich* so einen Freund hätte,
der sich nur meldet, wenn es ihm schlecht geht, dann ... *(weiterführen)*

Lass uns noch einmal von vorne anfangen:
Gott, du ... *(Rede ihn an!)*

- *Verinnerlichung eines Gebetes*

> Vergiss es nie:
> dass du lebst, war nicht deine eigene Idee,
> dass du atmest, war kein Entschluss von dir.
>
> Vergiss es nie:
> dass du lebst, war die Idee eines anderen,
> dass du atmest, war sein Geschenk an dich.
>
> Du bist gewollt,
> du bist kein Kind des Zufalls,
> du bist keine Laune der Natur!
> Du bist ein Gedanke Gottes, ein genialer noch dazu.

- Höre die Gedanken **mit geschlossenen Augen**!
- Lies auf Folie noch einmal nach!
- Lass dich von einem Gedanken ansprechen!
- Höre in dir die passende Musik dazu!
- Schreibe den ganzen Text in der **Ich-Form**.
  Du kannst **deinen Vornamen** einsetzen.
- **Hebe** den Gedanken, der dich persönlich anspricht, **optisch hervor**.
- Wenn du willst, lies deinen Text in der **Ich-Form** vor!

6. Beten mit angefangenen Texten

Angefangene Gebete mit persönlichen Gedanken weiterführen

Hinweise:

Es ist selbstverständlich, dass Kinder und Jugendliche auch einen Schatz von ausformulierten Gebeten brauchen. Das kann Grundlage gemeinsamen Betens in der Familie, in der Schule, in der Gruppe und in der Gemeinde sein. Dies ist in bestimmten Situationen auch eine deutliche Entlastung.
Darüberhinaus wird im Beten das ganz persönliche Erleben vor Gott getragen. Damit bekommt das Beten eine persönliche, individuelle Note. So wie Lernen die Erfahrungen der Schüler aufgreifen muss, werden zum Beten Impulse gegeben, die die Kinder auf ihre Situation, auf ihre Anliegen lenken und zu eigenen Ausformulierungen führen. Je jünger die Kinder sind, desto einfacher fallen die einladenden Satzanfänge und die (erwarteten) Weiterführungen aus.
Die Erfahrung zeigt, dass dabei das Vorbild und Mittun der Lehrkraft das überzeugendste Beispiel ist.

Vorbereitung: Blätter mit den verschiedenen Gebetsanfängen

Zugänge:

Alle folgenden Gedanken aus Gebeten werden den Schülern mit einführenden Worten nahegebracht. Dann können sie selbst diese Sätze oder Satzteile entsprechend ihren Empfindungen, Einstellungen und Verfassungen weiterführen. Dabei können die jeweiligen Gebetsimpulse auf Folie angeboten werden. Die Schüler schreiben sie ab und formulieren sie weiter. Es ist auch möglich, die auf Karten oder Blättern gedruckten Gedanken weiterzuschreiben.

- Du stehst am Anfang eines neuen Tages (einer neuen Woche, eines neuen Jahres). Wenn du an das denkst, was dich erwartet, was auf dich zukommt, dann kann das in dir Angst oder Freude auslösen.

Jemand betet so:

> Gott, ich habe einen neuen Tag
> (eine neue Woche, ein neues Jahr) vor mir,
> einen Tag, den ich mit anderen Menschen leben darf;
> einen Tag, an dem ich mich wieder bewähren muss;
> einen Tag, ...
> einen Tag, ...
>
> Es ist gut, dass du mir nahe bist.
> Es ist gut, dass ...
> (Anrufe formulieren)

- Die Schüler können ihre Gedanken einbringen in ein Gebet mit der ganzen Klasse.
  Sie versammeln sich dabei um die Gotteskerze (Jesuskerze) und lesen freiwillig vor.

- Wenn die Schüler ihre Gedanken nicht schriftlich abfassen, gibt die Lehrkraft genügend Zeit für die mündliche Formulierung. Bei spontanem Zuruf übernehmen sonst viele Schüler einfach die Gedanken des Vorgängers.

weitere Beispiele:

Gott, wir stehen am Anfang eines neuen Tages
(einer neuen Woche ...)
Lass mich heute wach sein
für die Menschen, denen ich begegne.
Lass mich wach sein
für ______________________________
Lass mich hellhörig sein
für ______________________________
Lass mich spüren, dass ________________
____

- Du kannst statt Ausdrücken auch Symbole suchen und sie auf die Leerzeile zeichnen.

Großer Gott,
ich bitte dich gerade am Morgen dieses Tages:
Lass mich dich sehen
in dem Mitschüler,
in ______________________________

Lass mich dich bestaunen
in den schönen Dingen der Natur,
in ______________________________

- **Kurze Anrufe** aussprechen!

Lehrkraft: *Guter Gott, du hörst uns zu. Du hast dein Ohr an unseren Herzen. Dich bitten wir für Menschen, die uns besonders am Herzen liegen. Ich bitte für meinen kranken Sohn.*

Schüler fahren fort:

Guter Gott, ich bitte für ....
Guter Gott, ich denke an ....
Guter Gott, ich rufe zu dir wegen ....

Je nach Alter der Teilnehmer müssen diese Anfänge auch schriftlich vorgegeben werden.

Solche einfachen Rufe sind auch als **Fürbittenanfänge** bei Gottesdiensten gedacht. Kinder (und Erwachsene) trauen sich so eher zu, vor der Gemeinschaft zu beten.

Nach den einzelnen Anrufen kann auch ein **Kehrvers** gesprochen oder gesungen werden:

Herr, erbarme dich!
Wir bitten dich erhöre uns!
Alle eure Sorgen werft auf den Herrn!

- **Anrufe für Gott** bei Gebetsanfängen suchen!

Wenn wir beten, dann stellen wir uns vor Gott, dann bestürmen wir Gott, dann bedrängen wir Gott, dann danken wir Gott, dann bitten wir inständig, dann klagen wir unser Leid, dann rufen wir um Hilfe.
Wie redest du Gott an?

- *Lieber Gott, Gott, du mein Vater, meine Mutter, barmherziger Vater, gütiger Vater, zärtlicher Gott, großer Gott, umarmender Gott,*
- *Gott, du mein .... Fels, meine Sonne, mein Schatz, mein Hirte, meine Hilfe*

Du kannst diese Anrufe oftmals hintereinander aussprechen, während du ganz bewusst **atmest**. Beim Einatmen sprichst du jeweils die Anrede aus.

- Ebenso finden die Schüler **Anreden für Jesus**. Dabei können sie vor allem auch daran denken, was Jesus für die Menschen getan hat:

Jesus, du mein Freund;
unser Heiland,
du Helfer,
du Tröster;
Du lieber Jesus,
Du guter Jesus,
Jesus, du Freund der Kinder,
du Arzt für die Kranken

So kann eine Art **Litanei** auch schriftlich zusammengestellt werden mit gemeinsamen Antworten wie z. B. *Sei uns nahe!*
Segne uns!
Geh mit uns!
Begleite uns!

- Schreibe auf!
  Was du **Gott fragen**,
  was du **Gott sagen** möchtest!

  Was du **Jesus fragen**,
  was du **Jesus sagen** möchtest!

  Den Schülern werden dabei postkartengroße Blätter ausgeteilt, auf die sie jeweils eine Frage formulieren bzw. etwas ihnen Wichtiges zu Gott/Jesus sagen.

  Die Texte auf den ausgeteilten Karten lesen die Kinder, wenn sie wollen, als Gebete vor.

Sofern es sinnvoll erscheint, werden auf die Fragen an Gott/Jesus Antworten versucht. Dabei darf nicht übersehen werden, dass wir eine endgültige Antwort von Gott her nicht geben können, sondern dass er uns letztlich Geheimnis bleibt.

- Die Schüler führen den Anfang eines **Gebetes von Papst Johannes XXIII** in ihrem Sinne weiter.

Johannes XXIII beginnt sein Gebet mit:

Nur heute, Gott, lass mich .... !

Schließ die Augen!

Denk darüber nach, was dir alles schwerfällt! z. B. rechtzeitig nach Hause kommen; regelmäßig die Hausaufgabe machen; bei andern das Gute sehen ...

Schreibe es jeweils mit dem **Finger in die Luft** oder
auf die Bank! Immer mit geschlossenen Augen.

(Stille!)

Jetzt suche dir aus, was dir heute wichtig ist und sage zu Gott einen einzigen Gedanken:
Nur heute, Gott, lass mich ...

Schreibe diesen Satz mit dem Zeigefinger der rechten Hand in die **Innenfläche** der linken Hand!

- Oft ist es hilfreich, vor dem Beten **Zugänge meditativer Art** anzubieten.

- Schließe deine Augen und spüre bewusst deine **Hände**.
  Fühle die Innenfläche der linken Hand, dann der rechten!
  Jetzt fühle jeweils die Handrücken ab!
  Wo sind weiche, wo sind harte Stellen?

- Jetzt schau die Hände mit offenen Augen an!

- Was können deine Hände erzählen?
  Was haben sie schon erlebt?

- Wenn du keine Hände hättest!

- Was Hände alles können!

- Bedanke dich, dass du Hände hast!

- Auf Folie sind Gedanken vorgegeben!

> Liebender Gott,
> ich suche eine Hand,
> dich mich hält und ermutigt,
> die ______________________
>
> Ich taste nach einer Hand,
> die mich begleitet und führt,
> die ______________________
>
> Ich brauche eine Hand,
> die ______________________
>
> Ich sehne mich nach einer Hand,
> die
>
> __________________________

- Lies laut vor! (freiwillig)

- Führe die Sätze zu Ende so wie du denkst!
  Schreibe sie in dein Heft oder in dein Gebetsleporello oder auf ein Blatt für deine Mappe!
  Suche jeweils eine bestimmte Farbe!

Liebender Gott

Ich suche ein Hand,
die mich hält und ermutigt,
die mich beruhigt und beschützt;

Ich taste nach einer Hand,
die mich begleitet und führt,
die mich wohin führt,
mich aber auch wieder zurück bringt.

Ich brauche eine Hand,
die mich zum richtigen Weg führt,
aber auch einen Ausrutscher erlaubt;

Ich sehne mich nach einer Hand,
die Sorge wegnimmt und Freude bringt,
die die Angst nimmt und Mut gibt;

Regina, 7. Klasse

- Wann ist es gut für dich, dass du „aufgefangen" wirst?

> Helfender Gott!
> Fang mich auf, wenn ich Schlimmes erlebe!
> Fang mich auf, wenn ______________________________
> ____
>
> Fang mich auf in schweren Stunden!
> Fang mich auf in __________________________________
> ____

- Metaphermeditation:

Gott ist für mich wie ...

> Herr, du bist mein Brunnen,
> wenn ich in der Wüste bin,
> wenn ich ______________________

> Gott, du bist meine Quelle,
> wenn __________________________
> Gott, du bist mein Zelt,
> wenn __________________________
> Gott, du bist meine Blume,
> wenn __________________________
> Gott, du bist mein Licht,
> wenn __________________________

- Menschen rufen immer wieder „Gott sei du mit mir!"

  Führe für dich weiter!

  Gott, sei du bei mir,
  wenn ______________
  wenn ______________
  wenn ______________

  Führe für deinen Mitschüler weiter!

  Gott, sei bei dir,
  wenn ________________________________
  wenn ________________________________

  Schreibe ihm das auf eine Karte!

- Weitere Gebetsanfänge, die von den Schülern nach ihrem persönlichen Empfinden fortgeführt werden können.

> Guter Gott,
> nimm die Angst,
> wenn ____
> richte mich auf,
> wenn ____
> Gib mir Mut,
> wenn ____
> sei in meiner Nähe,
> wenn ____
> schenke Zuversicht,
> wenn ____
> Gib mir Hoffnung,
> wenn ____

Herr,
mach mich zu einem Werkzeug des Friedens,
dass ich ______________________________

Herr, mach mich zu einem Werkzeug der Versöhnung,
dass ich ______________________________

Herr, mach mich zu einem Werkzeug der Freude,
dass ich ______________________________

Herr, mach mich zu einem Werkzeug ......,
dass ich ______________________________

Guter Gott,
lass mich nicht mutlos sein,
lass mich nicht __________
lass mich nicht __________

Guter Gott,
gib allen Kraft, die ____________________
die ____________________
gib mir Kraft, wenn ____________________
wenn ____________________
wenn ____________________

Zärtlicher Gott,
du begleitest mich,
du ______________________
du ______________________
du ______________________

Guter Gott,
mach weit meine Augen,
dass ich __________________________________ .

Mach weit meine Ohren,
dass ich __________________________________ .

Mach weit meine Nase,
dass ich __________________________________ .

Mach weit mein Herz,
dass ich __________________________________ .

Mach weit meine Hände,
dass ich __________________________________ .

Mach weit meinen Mund,
dass ich __________________________________ .

7. Beten mit Symbolen

Meinem Beten in Symbolen Ausdruck verleihen

Hinweise:

Die Schüler können ihre Situation in einem Gegenstand versinnbildlichen und diese dann schweigend vor Jesus tragen, wobei sie um das Jesusbild, um die Jesuskerze gestaltend ihre Symbole anordnen. Für die Schüler erweist sich dieser Weg des Betens als hilfreich, weil sie nicht verbalisieren brauchen, weil ihr Anliegen für sie selbst sichtbar bleibt, und weil ihr Anliegen ganz deutlich Gestalt gewinnt.

Vorbereitung: *ausgewählte Gegenstände wie Steine, Scherben, grüne Zweige, Blumen, Strohsterne, Dornen, Teelichter; Jesuskerze, Jesusbild; meditative Musik*

Zugänge:

- Die Lehrkraft bringt in die Klasse verschiedene Gegenstände mit, vor allem aus der Natur, z. B. Steine, grüne Zweige, Dornzweige, Scherben, Blumen, Teelichter, Strohsterne, Ästchen mit Knospen.
  Die einzelnen Gegenstände liegen mehrfach bereit und werden den Schülern vorgestellt, auch mit Hinweisen, z. B.

Steine:	schauen unterschiedlich aus, sind verschieden schwer - manches macht uns zu schaffen
Grüne Zweige:	zeigen, dass sie voller Leben sind - deuten auf gelungene Aktionen
Dornen:	sie stechen, sind kaum anzufassen, verletzen - manches ist dornenreich
Scherben:	da ist etwas in die Brüche gegangen - gar mancher steht vor einem Scherbenhaufen

Blumen:	duften, verbreiten Freude, deuten auf Liebe - es tut uns etwas gut
Teelichter:	bringen Licht, machen hell - wir brauchen Licht in unseren dunklen Situationen
Strohsterne:	Sterne zeigen den Weg, leuchten in der Nacht - manchmal erleben wir Sternstunden oder werden selbst zu Lichtpunkten.

Die Teilnehmer können auch selbst zur Deutung der einzelnen Gegenstände miteinbezogen werden. Woran erinnern Dornen, Blumen, Steine, usw?

- Suche für dich eine Sitzhaltung, die dir guttut und schließe die Augen, damit du in dich hineinhören kannst.

- Höre in dich hinein, was dich gerade heute sehr beschäftigt!
  Das kann etwas sein, das dir zu schaffen macht; das kann auch etwas sein, das dich aufbaut und ermuntert.

- Schaue genau auf diese Situation! Wie erlebst du dich? Wie siehst du dich? Was hörst du?

- Öffne die Augen!
  Geh mit deinen Augen von einem Gegenstand zum anderen und wähle den Gegenstand, der zu deiner Situation am besten passt!
  Natürlich können es auch zwei Gegenstände sein.
  Wenn du dich entschieden hast, dann hole dir den Gegenstand schweigend an deinen Platz!

- Schaue ihn dir genau an!
  Wie sieht er aus?
  Warum passt er gut zu deiner Situation?

- Jetzt ist deine Situation ausgedrückt in dem gewählten Gegenstand. Der Gegenstand ist Sinnbild für dein Anliegen, deinen Zustand geworden.

- Der Lehrer breitet ein Tuch auf dem Boden oder dem Tisch aus und stellt ein **Jesusbild** oder eine **Jesuskerze** auf.
  Du trägst deine Situation vor Jesus. Bei ihm weißt du sie am besten aufgehoben. Geht der Reihe nach zum Bild und legt eure Sinnbilder, Symbole so vor das Bild oder um die Jesuskerze, wie es für euch stimmig ist.
  Sag schweigend, was du vor ihn bringst!

- Auf dem Platz vor Jesus liegt unser Leben. Jeder von uns hat einen Teil vor ihn gebracht. All das, was unsere Klasse zur Zeit am meisten beschäftigt, liegt vor ihm ausgebreitet.

- Abschluss:
  Du hast alles vor ihn gebracht, weil du von ihm glaubst, dass er der ist, der einen Zauber in seiner Stimme hat, der eine Wärme in seinen Worten mitschwingen lässt, und der einen Charme in seiner Botschaft bringt, keine Drohung.
  Das Lied „Eines Tages kam einer“ eignet sich gut als Abschluss der Übung.

- Der Platz, der Tisch kann den ganzen Schulvormittag so gestaltet bleiben.

Mein Beten mit Gegenständen unterstützen

Hinweise:

Auch jüngere Kinder können ihre momentane Stimmung oft leichter mit Symbolen ausdrücken als mit Beschreibungen. Vorgegebene Satzanfänge erleichtern die Einübung in persönliches Beten.

Vorbereitung: *Steine, Blumen, Dornzweige, Sterne, Kerzen; Jesuskerze; Weihrauchkörner für jedes Kind*

Zugänge:

- Die Jesuskerze wird angezündet.
  Was wir Jesus alles zu sagen haben ...
  Denke an das, was du ihm heute sagen willst!

- Der Lehrer gibt etwa drei Gegenstände vor und dazu die passenden Satzanfänge.

- Nimm einen von den bereitgestellten Gegenständen und leg ihn an die Jesuskerze!

  - Einen **Stein** hinlegen und sprechen (denken):
    Jesus, es tut mir weh, dass ...

  - Eine **Blume** hinlegen und sprechen (denken):
    Jesus, es tut mir gut, dass ...

  - Einen **Dornzweig** hinlegen und sprechen (denken):
    Herr, ich bitte für *... (Menschen in Not)*

  - Einen **Stern** hinlegen und sprechen (denken):
    Jesus, es ist gut, dass du ...

  - Eine **Kerze** anzünden und sprechen (denken):
    Jesus, du bist Licht für ...
    Jesus, gib Kraft ...
    Jesus, sei du bei ...

- Den Kindern ein **Weihrauchkorn** auf den Platz legen: Die Schüler formulieren Anliegen, Dankrufe, ...

  Dann legen sie ihr Weihrauchkorn auf die glühende Kohle und erleben: „Mein Beten steigt wie Weihrauch zu Dir empor".

Naturale Meditation/Symbolmeditation

Hinweise:

Alles, was ich in der Welt vorfinde, kann zum Gleichnis werden für Vorgänge meines Lebens. Jeder Gegenstand an meinem Weg kann eine Botschaft an mich sein. Die Dinge meiner Umgebung zu mir reden lassen und mit ihnen sprechen, das gibt meinem Leben Tiefgang und Reichtum.
Bei diesen Übungen geht es einerseits um eine intensive Wahrnehmung des Gegenstandes, um eine sinnenbetonte Wahrnehmung und um eine Deutung auf mein Leben, eine Deutung, die dann ins Beten mündet.

Vorbereitung: *- Senfkörner in genügender Anzahl, Tesastreifen*
- Steine, Jesuskerze
- Bild von Wüste auf Folie, Bild mit Wüste für jeden Schüler

Zugänge:

Beispiel **„Senfkorn"**

- Schließe die Augen und forme die Hand zu einer Schale!
  Ich lege etwas in deine Hand. Achte darauf, wie es hineinfällt! Du musst aufpassen, dass es nicht verlorengeht.

- Bei Hintergrundmusik legt die Lehrkraft jedem Schüler ein Senfkorn in die offene Hand.

- **Fühle** mit geschlossenen Augen,
  wie hart/weich der Gegenstand ist,
  wie schwer/leicht er ist

- **Rieche** daran!

- Nimm ihn in den Mund und **schmecke** daran, ohne ihn zu zerbeissen!

- Was ist es? Was könnte es sein?

- Weil es sehr klein ist, kann es sehr schnell verloren gehen. Du musst behutsam damit umgehen.

- Öffne die Augen und schaue den Gegenstand aufmerksam an! Form, Farbe, Gewicht, Größe. Es handelt sich um ein Senfkorn.

- Kennt jemand die dazugehörige Pflanze?
  (Wenn möglich ein Bild vorzeigen!)
  Der Senfstrauch wird bis zu drei Meter hoch. Diese Größe würde niemand bei dem unscheinbaren Senfkorn vermuten. In ihm liegt Großes verborgen.

- Klebe das Senfkorn mit Tesafilm auf ein Blatt oder in das Heft, damit es nicht verlorengeht!

- Dieses Senfkorn erzählt. Höre zu!
  z. B. Ich bin zwar klein und unscheinbar, aber ...

- Was kann sich in deinem Leben entfalten?
  Gibt es so etwas wie das Senfkorn?
  Was ist noch ganz klein? Ahnst du, was daraus alles werden kann?

- „Kleines Senfkorn Hoffnung" ist ein Lied überschrieben. Schreibe du selbst, welches Senfkorn bei dir wachsen kann! Suche verschiedene Namen für dein Senfkorn! Wie kann es heißen?
  Kleines Senfkorn (Mut)
  Kleines Senfkorn (Freundschaft)
  Kleines Senfkorn (Vertrauen, Liebe, Gutsein, Zuversicht, Freude, ...)

Schreibe diese Namen auf ein kleines Schild und klebe jeweils mit einem Tesafilm ein Senfkorn darauf.
(weitere Senfkörner verteilen)

z. B.

• Zuversicht	• Freude

- Es ist auch möglich, Jesu Vergleich „Das Reich Gottes ist wie ein Senfkorn" jetzt einzubringen: Mt 13, 31-32

- alternativer Einstieg:
  Der Lehrer hat einen großen Einkaufskorb bei sich. Am Boden des Korbes liegen drei Senfkörner.
  Jeder Schüler darf jetzt schweigend mit geschlossenen Augen in den Korb greifen und entdecken, was drinnen ist. Er darf aber auf keinen Fall etwas verraten.
  Alle Schüler tasten im Korb herum, finden aber nichts.
  Der Lehrer stülpt den Korb um. Sollte überhaupt das Fallen der Körner gehört werden, so lassen sich diese doch nicht mehr auffinden.
  Jetzt erhältst du in die Hand, was im Korb lag. Etwas ganz Kleines, Unscheinbares. Schau es an!

Beispiel **„Stein"**

- Jedes Kind erhält bei geschlossenen Augen in die zu einer Schale geformten Hände einen Stein gelegt.

- **Befühle** den Stein!

- Halte den Stein an deine Wange! Wärme/Kälte?

- Öffne die Augen und schaue den Stein aufmerksam an! Größe, Gewicht, Kanten, Rundungen, Einkerbungen, Farbe, Form!
  Beschreibe ihn!

- Woran erinnert dich der Stein?

- Halte ihn einmal an dein Ohr!
  Was erzählt er dir? Hör genau zu!

- Was hat der Stein mit deinem Leben zu tun?
  Erzähle! Es kann sich um etwas handeln, das dich bedrängt, aber auch um etwas, das dir guttut.
  z. B. Manches in mir ist hart wie ein Stein ...
  Auf mich sind schon „Steine" geworfen worden ...
  In mir ist rund, es tut gut ...
  Manche Stellen in mir sind kantig ...

  Jeder Schüler, der eine Anmerkung gemacht hat, legt seinen Stein in die Mitte. Wie immer gilt auch hier: Wer will, kann es auch schweigend tun.
  So entsteht ein Steinhaufen.

- Das sind unsere Steine im Leben. Sie gehören zu uns.

- Die Lehrkraft stellt eine **Jesuskerze** in oder neben den Steinhaufen.

  Jesus weiß um unsere „Steine".
  Erzähle ihm schweigend von deinem Stein!

- Gleichzeitig mit den persönlichen Gebeten können die Steine um die Jesuskerze gelegt werden.

Beispiel **„Wüste"**

Hinweise:

Im menschlichen Leben verläuft kaum ein Weg geradeaus. Immer wieder kommen wir an Grenzen, stoßen wir auf Hindernisse. Wir kommen uns manchmal auch „leer" vor, wenn vieles danebengegangen ist, wenn unsere Vorhaben zerplatzt sind.
Der Bibel ist solche Erfahrung nicht unbekannt.
Sie kennt dafür das Bild der „Wüste" als Ort der Lebensfeindlichkeit und als Ort der Besinnung auf das Wesentliche.
Für die Schüler ist es wichtig, über das Bildwort Wüste zu ihren eigenen Wüstenerfahrungen vorzustoßen, sich ihrer bewusst zu werden, sie ins Beten zu erheben und dadurch mit ihnen umgehen zu lernen.

Zugänge:

- Folienbild von Wüste wird aufgeblendet

aus: Folienreihe Symbolbilder I, Religionspädagogisches Seminar Regensburg

- Schau auf das Bild!
  Was kommt bei dir auf?
  Was die Wüste erzählt!
  Wenn Menschen in die Wüste kommen, dann ...
  Wenn Menschen in der Wüste leben, dann ...
  Sätze in vielerlei Assoziationen weiterführen, um ein möglichst weites Bild von Wüste zu gewinnen!
  Worauf Menschen in der Wüste hoffen!

- Menschen geraten auch in ihrem Leben in „Wüsten".
  „Wüste" ist dann, wenn ... jemand einsam ist.
  jemand eine schlechte Note erhalten hat.
  jemand Streit mit den Eltern hat ...

- Solche „Wüsten" erlebst auch du!
  In mir ist Wüste, wenn ...
  Jeder Schüler erhält in DIN A 5 oder DIN A 6 Größe das Bild von der Wüste und kann stichpunktartig seine Wüstensituationen auf dem Bild benennen, z. B. einen Freund verlieren, (in der) Schule (versagen), wenig gelten.
  Er kann sie auch in Zeichen oder in nur für ihn erkennbaren Worten angeben.

- Neben das Bild von der Wüste werden einzelne **Verse aus Psalm 22** geschrieben:

  - Mein Gott, mein Gott, warum hast du mich verlassen?
  - Mein Gott, du gibst keine Antwort.
  - Mein Gott, sei mir nicht fern, denn die Not ist nahe.
  - Mein Gott, du meine Stärke, eile mir zu Hilfe!
  - Mein Gott, führe mich durch die Wüste!
  - Mein Gott, ich brauche „Wasser".

  Jeder Schüler sucht den Satz, der ihm am ehesten entspricht.

Weiterführung: **„Oase"**

Hinweise:

Wir alle haben neben den Erfahrungen von „Wüste" auch schon die Erfahrungen von „Oase" erlebt: aufatmen können, auftanken dürfen, Ruhe haben, sich erholen können, Pausen einlegen, abschalten dürfen, neue Kräfte sammeln, sich entspannen können.
So spüren die Schüler ihren eigenen „Oasen" nach. Dabei kommen ihre eigenen Bilder in Beziehung zu Gebetsrufen in der Bibel.

Zugänge:

- Du kennst „Oasen" in der Wüste. Dort gibt es, was in der Wüste fehlt, vor allem Wasser, Wasser für Menschen, Tiere und Pflanzen.

- In jedem Leben sind „Oasen" wichtig.
  „Oase" ist für Menschen dann, wenn ...
  „Oase" ist für Menschen dort, wo ...

- Was ist für dich „Oase"?
  „Oase ist für mich dann, wenn ...
  oder:
  Ich suche eine „Oase", wenn ...

- Welches biblische Wort fängt für dich am besten „Oase" ein?
  Auf Folie aufzeigen!

  Mk 6, 31: Jesus sagt: Komm und ruh dich ein wenig aus!
  Ps 57, 3: Ich rufe zu Gott, der mir beisteht.
  Mt 11, 28: Jesus sagt: Kommt alle zu mir, die ihr es schwer habt!
  Ps 18, 3: Herr, du bist mein Fels, meine Burg, mein Retter.
  Es 3, 14: Gott sagt: Ich bin für dich da!
  Ps 31, 6: In deine Hände lege ich mich voll Vertrauen.

  Schreibe das von dir gewählte Wort in dein Heft oder Leporello um das Wort „Oase"!

- Alle Schüler tragen ihren biblischen Spruch zu einem gemeinsamen Gebet zusammen.

8. Im Beten zu sich selbst kommen

Eigene Erfahrungen ins Beten bringen

Hinweise:

Es ist für uns wichtig, die Schüler immer wieder auf verschiedenen Wegen zur eigenen Gedankenwelt und in persönliche Erfahrungen zu führen. Daraus kann dann nahtlos der Wunsch erwachsen, eigene Hoffnungen, Ängste usw. vor Gott zu tragen.

Vorbereitung: aus getöntem Papier geschnittene Formen in genügender Anzahl, DIN A 4-Blätter

Zugänge:

- Der Lehrer leitet mit treffenden Gedanken jeweils zu den einzelnen Vorschlägen ein. Dann gestalten die Schüler ihr eigenes Blatt mit ihren Sätzen oder Symbolen. Zum Abschluss kann ein großes Klassengebet daraus werden.
  Andere methodische Anregungen aus dem Buch können auch aufgegriffen werden.

- Meine **Hoffnungsätze**
  Was du dir alles wünscht und erhoffst!
  Schreibe die einzelnen Hoffnungssätze auf „Wassertropfen" (blaugetöntes Papier) und lass sie als fruchtbaren Regen auf deine Erde fallen.

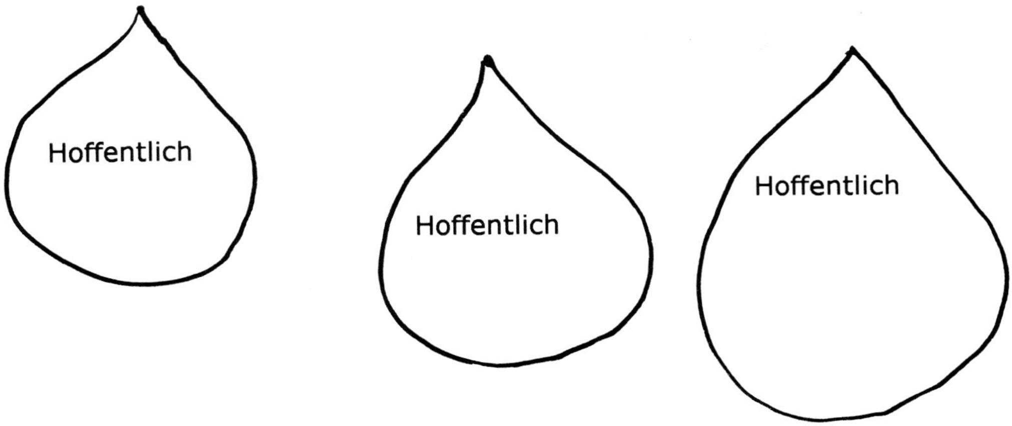

Gebetsruf: Guter Gott, lass mich gelassen und zuversichtlich sein!

- Meine **Angsstätze**
  Schreibe auf „Steine", wovor du Angst hast, was du alles befürchtest!
  Bleib dabei ganz bei dir, bei deiner Situation!
  Lege deine „Steine" (grau getöntes Papier) zu einem Haufen zusammen!

Gebetsruf: Vater, in deine Hände lege ich meine Angst.

- Meine **Danksätze**
  Beginne mit „Gott sei Dank, dass ..."
  Forme verschiedenartige Blüten zu einem bunten Strauß.

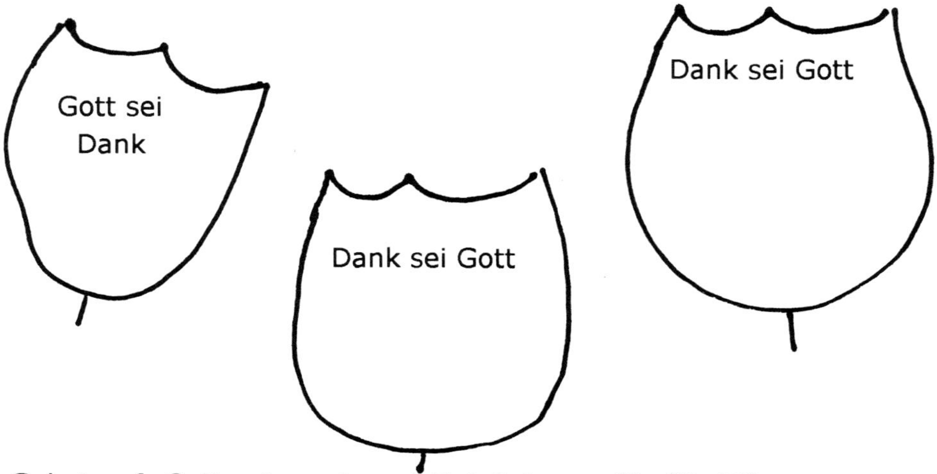

Gebetsruf: Gott sei gepriesen! Er trägt uns. (Ps 68, 20)

- Meine **Schmerzenssätze**, meine **Klagesätze**
  Du kannst deine Sätze beginnen mit „Warum ...?"
  Dabei kannst du echte Dornenstücke auf deinem Blatt zu einer Dornenkrone formen und festkleben und für jedes Dornstück einen Klagesatz schreiben oder denken.
  Du kannst auch stilisierte „Dornenstücke" aus Papier verwenden.

Gebetsruf: Guter Gott, dreh dein Gesicht nicht von mir ab! (Ps 27, 9)

- Meine **Staunenssätze**
  Was du bestaunst in der Natur,
  was du bestaunst in deiner Umgebung,
  was du bestaunst an anderen Menschen,
  was du an dir bestaunst!
  Schreibe auf und beginne mit „Kaum zu glauben, dass ... Kaum zu glauben, wie ... Super, dass ...

  Schreibe deine Sätze in Stichworten auf **Bilder**, die zu deinem Staunen passen.
  Die Schüler haben die Möglichkeit, aus Bildern auszusuchen.

  Gebetsruf: Zahlreich sind die Wunder, die du gemacht hast (Ps 40, 6)

- Meine **Mutmachsätze**
  Schreibe in große bunte „Räder", was dich vorwärts bringt, was dir Mut macht, und forme sie zu einem großen Zug!

Es macht mir Mut, wenn ...

Es macht mir Mut, wenn ...

Es gibt mir Mut, wenn ...

Gebetsruf: Herr, du bist bei mir und gibst mir Zuversicht! (Ps 23, 4)

- Meine **Schuldsätze**
  Denke darüber nach, wo du eine Mauer zwischen dir und den anderen und zwischen dir und Gott gebaut hast!
  Baue diese Mauer aus einzelnen „Steinen"!

Gebetsruf: Herr, erbarme dich meiner!

- Meine **Geheimnissätze**
  Das habe ich nur mir und Gott zu sagen!

Ganz persönliche Vorstellungen als Anlässe zum Beten
(Je mehr ich bei mir selbst bin,
desto mehr kann ich beim andern und bei Gott sein.)

Hinweise:

Beten umfasst meine ganze Person. Alles, was mich angeht, alles, was mich ausmacht, hat auch mit meinem Beten zu tun. Selbst meine geheimsten Gedanken!
Im folgenden sind eine Reihe von Satzanfängen angegeben, von denen jeweils **einige** vom Lehrer **ausgesucht** und vorgelegt werden. Gerade bei diesen ganz persönlichen Gedanken ist in der Klasse eine entsprechende Atmosphäre notwendig.
Es werden diesmal einfache Wege des Betens gewählt. Die Schüler führen erst die Satzanfänge weiter oder geben Antwort auf die Impulse. Dann setzen sie die Anrede **„Guter Vater, guter Gott ..."** davor.
Viele von diesen Gedanken werden sicher geheim bleiben (müssen) und nicht unbedingt zum Klassengebet werden, können es aber durchaus.

Vorbereitung: ausgewählte Satzanfänge auf Blatt für jeden Schüler; evtl. Blatt mit Sprechblasen

Zugänge:

- Einleitung:
  Jeder von uns kommt anders heute hier an.
  Jeder ist eine eigene Person, Persönlichkeit. Vielleicht fragt er sich: Wer bin ich überhaupt? Was weiß ich von mir? Wie gut kenne ich mich? Du bekommst angefangene Sätze auf einem Blatt vorgelegt. Führe sie spontan weiter! Alle Sätze sind unmittelbar an dich gerichtet.

- Vorschläge:

  - Mir ist wichtig, dass ...
  - Ich möchte ...
  - Ich bin gut drauf, wenn ...
  - Ich bin glücklich, wenn ...
  - Am liebsten ...
  - Ich brauche ...
  - Ich mache mir Gedanken über ...
  - Manchmal sehne ich mich nach ...
  - Ich kann nicht verstehen, dass ...
  - Ich hoffe, dass ...
  - Am meisten habe ich Angst, ...
  - Manchmal träume ich von ...
  - Am meisten mache ich mir Sorgen ...
  - Ich habe es nicht gern, wenn ...
  - Ich bin traurig, wenn ...
  - Was mir gerade durch den Kopf geht ...
  - Hoffentlich ...
  - Mich stört, dass ...

- An mir selbst gefällt mir ...
- Mein liebster Platz ...
- Ganz im geheimen ...
- Meine meiste Kraft verwende ich auf ...
- Drei wichtige „Dinge", die sich in meinem Leben ereignet haben: ...
- Wenn ich jetzt einen Wunsch frei hätte, dann ...
- Was ich unbedingt bei mir, in meiner Umgebung ändern möchte: ...

- Schule ...
- In meiner Klasse ...
- In meiner Gruppe ...
- Es tut mir leid ...
- Es ist mir peinlich ...
- Meine Eltern ...
- Wenn ich erwachsen bin ...
- Meine Geschwister ...
- In der Klasse aufzufallen ...
- Das einzig Dumme ist ...
- Die Erwachsenen ...
- Freunde ...
- Ich kann nicht ...
- Ich bin gerne ...
- Ich möchte nicht ...
- Meine größte Sorge ist ...
- Ich möchte folgende drei Wünsche frei haben: ...

• Lies deine fertigen Sätze noch einmal durch!
  Dann rede Gott an und setze diese Anrede an den Anfang des jeweiligen Satzes!
  Bei jedem Satz wählst du eine neue Anrede!

z. B. Guter Gott, du nicht zu verstehender Gott, Vater im Himmel,
lieber Vater, barmherziger Gott, du verstehender Gott,
du begleitender Gott; Gott, du mein Freund; Herr,
du mein Beschützer ...

- Jetzt **bete für dich** noch einmal Satz für Satz!

- Höre hin, welche Antwort du von Gott erhältst! Schreibe sie auf die rechte Hälfte des Blattes, wenn du willst!

- Wir wollen unsere Gedanken zu einem Gebet der Klasse machen. Jeder, der will, kann seine Gedanken den anderen vorlesen.
  z. B. Ich bin gerne ...

- Es können auch die gleichen Satzanfänge zu einem Gebet zusammengefasst werden, z. B.
  Guter Gott, ich bin glücklich, wenn ______________________

- Es sind auch Anredeformen für Jesus möglich.
  z. B.
  Lieber Jesus, mein Heiland, mein Freund ...

- Auch die Antworten auf folgende Impulse können auf o. g. Weise zu Gebeten formuliert werden.

Anmerkungen zu meinem Standort in der Klasse:

- Was ich in die Klasse einbringe! (3 Möglichkeiten)
- Was mir am wichtigsten ist!
- Was ich hasse!
- Wenn ich die Gesetze für die Klasse machen dürfte!
- Was die anderen in der Klasse an mir schätzen!
- Was andere von mir halten!
- Was mir in der Klasse auffällt!
- Was ich unbedingt ändern möchte!

oder:

Was andere an mir schätzen:

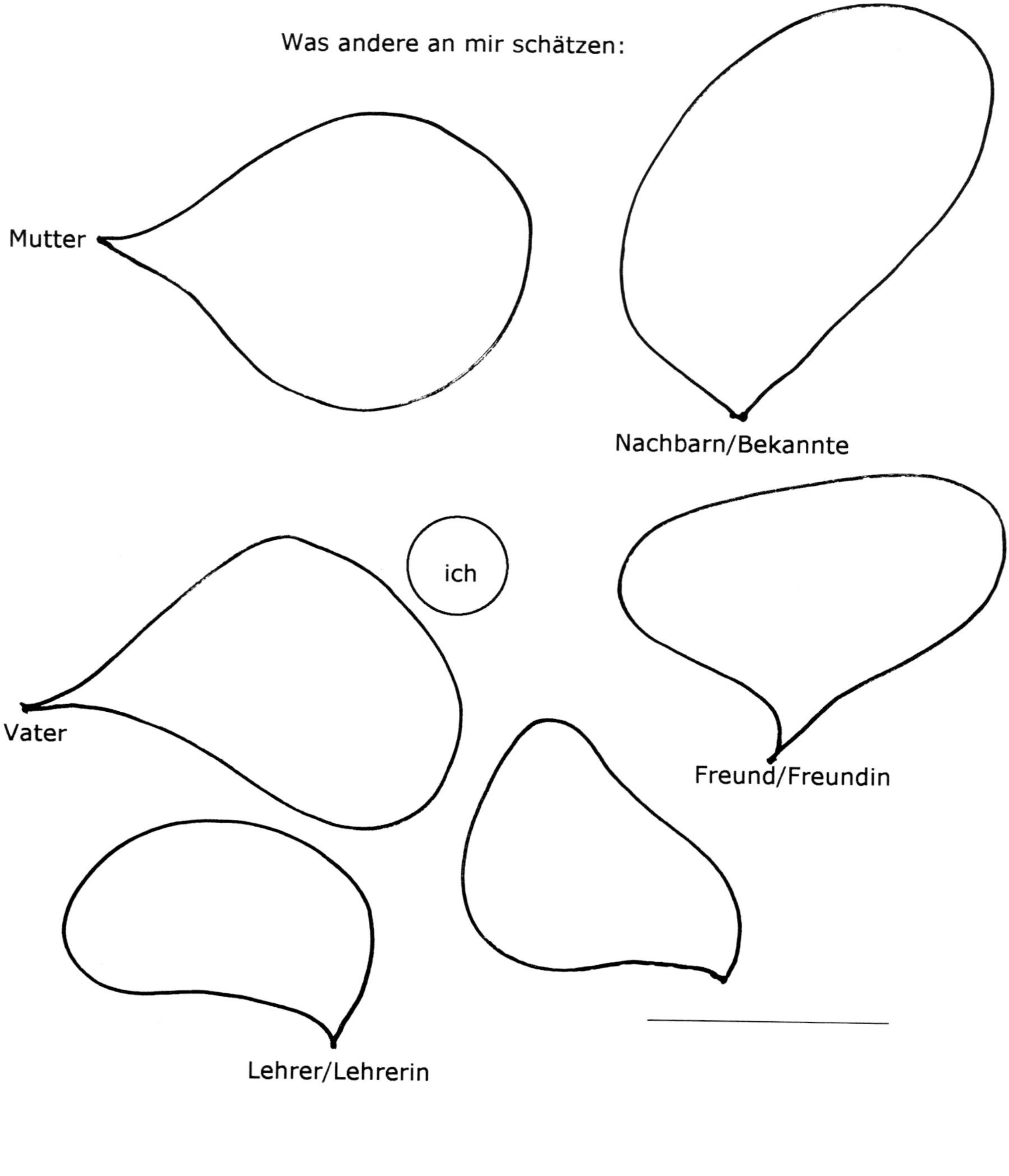

Reisen nach innen als Impulse zum Beten: Gedankenreisen, Phantasiereisen, Identifikationsübungen

Hinweise:

- Phantasiereisen sind keine Spielereien und Gags. Vielmehr werden bei den Schülern neue Erfahrungsmöglichkeiten aufgetan. Eine Phantasiereise ist eine Reise in die Welt unserer Vorstellungen, um unser Leben im Alltag positiv zu beeinflussen. Die Schüler können sich intensiv einlassen auf ihre eigene Kreativität, können hineinspüren in ihre Empfindungen und Sehnsüchte, können ganzheitlich angesprochen werden und sich öffnen für die Botschaften.

- Um eine Phantasiereise durchführen zu können, muss der Lehrer selbst schon einmal als Teilnehmer eine Phantasiereise erlebt haben. Nur dann wird es ihm auch möglich, einfühlsam eine entsprechende Atmosphäre zu schaffen.

- Jede Phantasiereise gliedert sich in eine Hinführungs- und Einstimmungsphase, in die Phantasiereise selbst und in eine Phase der Aufarbeitung.
  In der Hinführungsphase werden die Schüler angewiesen, eine gute Sitzhaltung einzunehmen, die Augen zu schließen, den Atem bewusst kommen und gehen zu lassen, ruhig zu werden, den eigenen Körper wahrzunehmen.
  Der Text der Phantasiereise wird vom Lehrer klar und ruhig gesprochen mit entsprechenden Pausen, damit die Schüler dem Geschehen leicht folgen und zugleich bei sich ankommen können. Es ist gut, wenn der Lehrer beim Erzählen die Augen schließt und die Phantasiereise selbst miterlebt.
  Bevor mit den Kindern ihr Erleben aufgearbeitet wird, werden sie aus der Phantasiereise zurückgeführt in die Wirklichkeit des Klassenraumes.

Das kann geschehen durch Anweisungen, Stufen langsam hinaufzugehen, sich zu dehnen und zu strecken, zu gähnen, die Augen zu öffnen und wieder im Zimmer anzukommen.
Die eigentliche Aufarbeitung kann schon durch folgende Fragen eingeleitet werden: Wo bist du hängengeblieben in der Geschichte? Was hat dich besonders beeindruckt? Wo hast du dich wohlgefühlt?
Eine weitere Möglichkeit des Aufarbeitens bietet sich im **Nacherzählen** der erlebten Geschehnisse und Gefühle. Die Schüler erzählen in Partner- oder Kleingruppen von ihren Wahrnehmungen in der Phantasiereise.
Es ist auch möglich, die Reise **aufschreiben** zu lassen, vor allem die Erfahrungen zu bestimmten Impulsen der Reise: Wer bist du in der Nähe Jesu? Was redest du mit ihm? Was hat er dir zur Antwort gegeben?
Gut eignet sich auch die Methode des **bildnerischen Gestaltens**, des Malens unmittelbar im Anschluss an die Phantasiereise. Die notwendigen Materialien wie Papier und (Wachsmal-) Stifte müssen selbstverständlich schon vorher bereitgelegt werden. Stille in der Klasse ist notwendige Voraussetzung. Zudem kann stimmige Hintergrundmusik die persönlichen Gefühle noch verstärken.
Aus dem, was die Schüler während der Phantasiereise erfahren und erspürt haben, kann sich ein **Gespräch** auftun, das ihre Sehnsüchte, ihre Lebens- oder Glaubenssituation einfängt. Der Lehrer muss dabei behutsam mit den Beiträgen der Schüler umgehen.

- Die hier angebotenen Phantasiereisen dienen dazu, ganz intime, persönliche Worte im Beten zu finden, vor allem bei den biblischen Begegnungen mit Jesus selbst und mit den Personen um ihn. So wächst letztlich die Beziehung zu Jesus.

Beispiel: **Am Kreuzweg Jesu**

Vorbereitung: Für jeden Schüler Bild vom kreuztragenden Jesus

- Das biblische Geschehen ist den Schülern bekannt.

- kurze Stilleübung: Augen schließen - stimmige Sitzhaltung einnehmen - Atem bewusst kommen und gehen lassen - beim Einatmen eine Zeitlang jeweils den Namen „Jesus" innerlich sprechen - akustisches Signal

- Wir sind in Jerusalem.
  Es sind die Tage vor Ostern. In der Stadt herrscht geschäftiges Treiben, an vielen Ständen verkaufen Händler ihre Waren. Viele Menschen sind zum Einkaufen unterwegs.
  Es ist um die Mittagszeit. Diesmal ist es anders als sonst vor Ostern. Wie ein Lauffeuer spricht es sich rum, dass Jesus zum Tod am Kreuz verurteilt worden ist. Die einen interessieren sich nicht dafür. Andere sind schwer getroffen von dieser Nachricht.
  Immer mehr Menschen sammeln sich am Weg vom Gerichtshaus bis zur Kreuzigungsstätte: Pharisäer, Besserwisser, Freunde Jesu, Zuschauer, römische Soldaten, viele Kinder.
  Du bist auch dabei: Wie bist du angezogen? ... Wie schaust du aus? ... Was denkst du? ... Einer, der neben dir steht, zupft dich am Ärmel und fragt: „Was sagst denn du dazu?" Du gibst ihm zur Anwort: ...
  Du wirst vorwärts geschoben und kommst unvermutet ganz in die Nähe von Jesus. Du siehst, wie er sich quält, wie erledigt und erschöpft er ist.
  Du hörst ganz deutlich, was verschiedene Menschen Jesus zurufen: Worte der Beleidigung, des Spottes, des Mitleids, der Ermunterung, der Trauer.
  Was rufst du ihm zu? ...
  Du kannst noch einen Blick von ihm aufnehmen und wirst dann abgedrängt.
  Langsam gehst du durch stillere Gassen und kehrst nach Hause zurück.

- Aufarbeitung

  Jedes Kind erhält ein Bild vom kreuztragenden Jesus.

Schreibe unter das Bild, was du IHM gesagt hast.

Beginne mit: Jesus, ...

Wer will, kann seinen Gedanken vor der Klasse ins Gebet bringen.

Beispiel: **Aussendung der zweiundsiebzig Jünger (Lk 10, 1-16)**

- Du hast schon des öfteren Bekanntschaft mit Jesus gemacht; du bist einer seiner Freunde.
  Du hast ihn in verschiedenen Situationen kennengelernt: Wie er mit Pharisäern streitet; wie er Menschen gesund macht; wie er sich zu Zöllnern an den Tisch setzt; wie er Kinder in seine Arme nimmt.
  Nun bist du mit ihm auf dem Weg vom See Gennesaret nach Jerusalem.
  Ihr seid am Rande eines Ortes. Da sucht Jesus 72 aus, Männer und Frauen, junge und ältere Menschen.
  Jesus geht durch die Reihen und wählt aus. Auch zu dir sagt er: „Komm, auf dich zähle ich!" Wie ist dir zumute? ... Was denkst du? ... Was geht dir alles durch den Kopf? ... Was spürst du?
  Als Jesus mit euch 72 allein ist, hört ihr, was er von euch verlangt, was er dir und euch zutraut: „Geht hinaus in die Städte und Ortschaften, wohin ich selbst noch gehen werde. (Vorname), du bist mein Vorbote."
  Kannst du dir leisten, für ihn tätig zu sein?
  Und Jesus sagt weiter:
  „Wenn ihr in ein Haus kommt, so sagt zuerst: Friede diesem Hause!
  Wenn ihr in eine Stadt kommt, so heilt die Kranken, die dort sind, und sagt allen Leuten: Das Reich Gottes ist nahe". Das trifft: Du sollst, du kannst Kranke heilen in seinem Namen und so ankündigen, dass Gott den Menschen nahe ist.
  Was hörst du Jesus sagen?
  Was willst du jetzt tun? Wie willst du das anfangen?
  Du musst dir noch einen (eine) mitnehmen. Jesus schickt euch zu zweit.
  Es sind viele um dich rum! Suche aus! Wer geht mit dir?
  Zuletzt kommt Jesus auf euch zwei zu und ermuntert euch: ...
  Willst du Jesus noch etwas fragen?
  Ein neues Leben beginnt für dich: unterwegs sein für Jesus.
  Du kehrst langsam wieder zurück in das Klassenzimmer.

- Gehe für dich noch einmal durch:

  Jesus sagt: Komm, auf dich zähle ich!
  Was denkst du?
  Was geht dir dabei durch den Kopf?
  Was spürst du?

  Was willst du tun?

  Zuletzt kommt Jesus noch einmal zu dir?
  Was sagt er?
  Was frägst du ihn?

Beispiel: **Die Heilung des Blinden von Jericho (Lk 18, 35-43)**

Vorbereitung: für jeden Schüler Blatt mit Jesusbild

- Wir sind in Israel, in Jericho, einer Stadt, in der ein buntes Kommen und Gehen an diesem Spätnachmittag herrscht.
  Jesus ist in der Stadt.
  Viele Menschen sind in seiner Nähe:
  Freunde, Frauen, junge Mädchen, ... Neugierige ... Durchreisende ... Händler ... Kaufleute ... Kinder ... Schriftgelehrte ... Zöllner ... Sünder ... kranke Menschen ... ein Fremder.
  Du bist eine von diesen Gestalten!
  Wer bist du? ...
  Warum bist du in der Nähe Jesu?
  Was erwartest du, was denkst du? ...
  Leute neben dir schauen dich an!
  Was denken sie über dich? ...
  Einige hörst du laut reden über dich! ...
  Ein blinder Mann wird zu Jesus geführt.
  Du hörst, wie Jesus ihn fragt: Was soll ich dir tun?
  Viele Augen sind auf Jesus gerichtet ... auch die deinen.

Was erwartest du? Was erwarten andere?
Jesus macht den blinden Mann sehend.
Ein Raunen geht zuerst durch die Menge ... dann ein Gestikulieren, Geschrei, Geschimpfe, Hochrufe, Gebete, Lobrufe auf Gott ...
Wie kommst du dir vor?
Bald zerstreut sich die Menge.
Jesus ist mit seinen Begleitern allein.
Dies ist eine gute Gelegenheit, ihm das zu sagen, was dir schon lange am Herzen liegt. Du gehst zu ihm hin und sagst:
Wie reagiert Jesus?
Was tut er? Was sagt er?
Dann verabschiedest du dich von ihm und gehst zum Stadttor hinaus ...
Du kommst langsam wieder hier an, dehnst dich, streckst dich, gehst langsam fünfzehn Stufen hinauf, öffnest die Augen und bist wieder in diesem Raum.

- Wenn du willst, kannst du mit irgend jemand in der Klasse deine Erfahrungen austauschen.

- Du kannst auch vor der Klasse erzählen.

- Zeichne dich auf das Blatt neben Jesus!
  Wer bist du?
  Zeichne eine Sprechblase bei dir und schreibe hinein, was du zu Jesus sagst! (Vielleicht nur stichpunktartig)
  Zeichne eine Sprechblase zu Jesus und schreibe hinein, was er antwortet!

- Klebe das Bild in dein Heft, in deine Mappe oder in dein Gebetsleporello!

Beispiel: **Eigene Ängste**

- Nach einer Phase der Hinführung beginnt der Lehrer, die Schüler in ihre Vorstellungswelt zu begleiten:

- Du bekommst heute einen besonderen Ring geschenkt, einen Zauberring ...
  Wie sieht er aus? Schau ihn genau an! ...
  Steck ihn einmal an deinen Finger!
  Du kannst ihn auch drehen. Probier es einmal! Nach links ... nach rechts ... Es geht ganz gut.
  Er lässt sich leicht drehen.
  Leg ihn jetzt auf die Bank!
  Dieser Zauberring hat eine besondere Eigenschaft. Immer wenn du ihn in eine Richtung drehst, kannst du in deiner Umgebung das verändern, was dich stört, was dich ärgert, was dir zusetzt, was dir zu schaffen macht ...
  Jetzt nimm den Ring und stecke ihn an den Finger!

Mache dich auf den Weg!
Schau auf alles, was dich stört ... schau auf alles, was dich belastet ...
Und dreh dann deinen Zauberring! ...
Was geschieht?
Was verändert sich?
Du kannst damit eine Menge ändern ...

- Der Lehrer holt die Schüler wieder zurück und lässt sie aufzeichnen, was sie als störend entdeckt haben. Die Schüler können auch dem Gefühl nachgehen, wie es ist, wenn etwas Störendes wie weggeblasen ist. Du kannst das, was dich belastet aufschreiben und unter das Kreuz hängen bzw. um die Jesuskerze legen. Sag Jesus, wie schön es ist, wenn das Belastende, wenn die Angst, wenn das Bedrohliche weg ist.

Beispiel: **Reise in meine Gemäldegalerie - mein Bild als Schüler, als Kind, als ... entdecken.**

Vorbereitung: DIN A 4-Blätter; Farbstifte oder Wachsmalstifte

- Suche dir einen Weg, den du ganz gerne gehst ... Fang jetzt einmal an zu gehen und nimm wahr, was/wer dir begegnet ... Der Weg führt zu einem Haus.
  Geh auf das Haus zu, drücke die Klinke und geh hinein! Es ist eine Gemäldegalerie, also ein Haus, in dem Bilder ausgestellt sind.
  Die Leiterin der Ausstellung kommt auf dich zu, begrüßt dich und führt dich zum ersten großen Raum. Öffne die Tür, geh hinein und schau dich um.
  Die Wände um dich herum sind mit Bildern behängt. Es sind Bilder, die du schon einmal gesehen hast.
  Welche hängen dort?
  Welches gefällt dir besonders?
  Nach einiger Zeit führt dich die Leiterin in den nächsten Raum und sagt: „Du wirst überrascht sein von den Bildern im nächsten Raum."
  Du gehst drauf zu, öffnest die Tür und bleibst stehen. An der Wand gegenüber hängt ein Bild von dir ... (als Schüler, ...)

Schau genau hin!
Was ist dargestellt? ... Wer ist drauf?
Wie schaust du aus?
Was siehst du noch alles?
Welche Farben sind verwendet?
Welcher Rahmen ist um das Bild?
Die Leiterin der Ausstellung fragt dich: „Und gefällt es dir?"... Was antwortest du?
Dann verlässt du die Ausstellung und kommst langsam wieder hier an.

- Stifte und Blätter liegen bereit.
  Zeichne dein Bild! ...
  Das bist du! Wenn du willst, erzähle davon vor der Klasse!

- Jeder spricht jetzt leise zu seinem Bild mit Gott. Bringe vor Gott, was du von dir entdeckt hast. Vielleicht helfen dir auch Satzanfänge (auf Folie):
  Guter Gott, ich habe entdeckt, ...
  es ist gut, ...
  ich habe nicht geglaubt, ...
  es macht mir zu schaffen, ...
  ich hoffe, ...

Beispiel: **Reise in meine Schatzkammer**
- meine Schätze entdecken und benennen -

Vorbereitung: Doppelkarte für jeden Schüler; evtl. Orff-Insturmente, Wachsmalstifte

- Heute versuchen wir einmal aufzuspüren, was an uns wertvoll ist, was uns wertvoll macht. Wir wollen unsere Schätze entdecken und erfahren, dass wir beschenkt sind.

- Du gehst einen Weg, der zu einem Berg führt.
  Geh langsam an den Berg heran und bleibe am Fuß des Berges stehen!

Auf ein Losungswort hin öffnet sich der Berg.
Welches Wort sprichst du?
Der Berg öffnet sich weit. Du kannst eintreten.
Hinter dir schließt sich der Berg wieder.
Jetzt gehst du einen hellerleuchteten, breiten Gang entlang.
Dieser Gang öffnet sich zu einem großen, runden Raum. Er ist hell und warm. Es ist deine Schatzkammer. An der Wand entlang stehen viele Schatztruhen, die alle deine Schätze enthalten, alles, was wertvoll ist an dir, was du kannst, was andere an dir schätzen.

Geh einmal zur ersten Truhe, öffne sie!
Du siehst einen Schatz von dir! Was ist es?
Du bist zufrieden, dass er zu dir gehört!

Geh zur nächsten Truhe!
Welcher Schatz verbirgt sich in ihr?

Geh zur dritten Truhe!
Auch hier liegt ein besonderer Schatz.

Hocherfreut nimmst du die drei Schätze, verlässt mit demselben Losungswort den Berg und kehrst wieder ins Klassenzimmer zurück.

- Schau dir die Schätze an und zeichne sie in Symbolen auf die erste Seite der vor dir liegenden **Doppelkarte**.
  Du kannst sie auch schriftlich benennen.

- Auf der linken Innenseite der Karte steht ein Gedanke aus Psalm 139, 14:

Ich danke dir, ______________, dass du mich so
wunderbar gestaltet hast.
Ich weiß: Staunenswert sind
deine Werke!

- Suche für die Lücke eine dir wichtige Anrede für Gott und sprich ein paarmal für dich diesen Satz!

- Stelle dein Gefühl zu diesem Satz im **Tanz** dar!
  Bewege dich dazu, wie es dir passt!
  Suche dir dazu einen Platz im Klassenzimmer!

- Suche aus drei kurzen Musikstücken das aus, das deiner Meinung nach stimmig ist, und bewege dich dazu!
  bzw. Welche **Musik** hörst du innerlich?

- **Male dein Gefühl** zu „... dass ich so wunderbar geschaffen bin" auf die rechte Innenseite! (Wachsmalstifte liegen bereit.)

- Du kannst dein Gefühl, deine Freude über deine Schätze auch auf **Orff-Instrumenten** zum Ausdruck bringen.

8. Gesegnet aus der Schule gehen

Hinweise:

Besondere Situationen, besondere Tage, besondere Erfahrungen fordern auch besondere Gesten. So kann es durchaus angebracht und für die Kinder wertvoll sein, wenn sie am Schluss eines Unterrichtstages, an einem letzten Schultag vor den Ferien vom Lehrer verabschiedet werden, indem er ihnen ein Kreuz auf die Stirn zeichnet und dabei ein Segenswort spricht wie „Gott segne dich!“ oder „Du bist von Gott gesegnet!“ oder „Gott sei dir ganz nahe!“ oder „Gott geht mit dir“.
Es ist auch sinnvoll, das Kreuzzeichen mit **Weihwasser** auf die Stirn zu zeichnen.

Auch wenn ich selber
allen Mut verliere,
du Herr weißt, wie's
mit mir weiter geht.

ich weiß offt nicht
~~ob~~ ich das richtige
tue, aber ich weiß dass
es mit deiner hilfe
gelingen wirt.